AF186086

Tucholsky   Wagner   Zola   Scott   Sydow   Freud   Schlegel
Turgenev   Wallace   Fonatne
Twain   Walther von der Vogelweide   Fouqué   Friedrich II. von Preußen
Weber   Freiligrath   Frey
Fechner   Fichte   Weiße Rose   von Fallersleben   Kant   Ernst   Frommel
Hölderlin   Richthofen
Engels   Fielding   Eichendorff   Tacitus   Dumas
Fehrs   Faber   Flaubert
Eliasberg   Ebner Eschenbach
Feuerbach   Maximilian I. von Habsburg   Fock   Eliot   Zweig
Ewald   Vergil
Goethe   Elisabeth von Österreich   London
Mendelssohn   Balzac   Shakespeare   Dostojewski   Ganghofer
Lichtenberg   Rathenau
Trackl   Stevenson   Tolstoi   Doyle   Gjellerup
Mommsen   Lenz   Hambruch
Thoma   Hanrieder   Droste-Hülshoff
Dach   Verne   von Arnim   Hägele   Humboldt
Reuter   Hauff
Karrillon   Garschin   Rousseau   Hagen   Hauptmann   Gautier
Damaschke   Defoe   Hebbel   Baudelaire
Descartes
Hegel   Kussmaul   Herder
Wolfram von Eschenbach   Dickens   Schopenhauer
Bronner   Darwin   Melville   Grimm Jerome   Rilke   George
Campe   Horváth   Aristoteles   Bebel   Proust
Bismarck   Vigny   Barlach   Voltaire   Federer   Herodot
Gengenbach   Heine
Storm   Casanova   Tersteegen   Grillparzer   Georgy
Chamberlain   Lessing   Langbein   Gilm
Brentano   Lafontaine   Gryphius
Strachwitz   Claudius   Schiller   Kralik   Iffland   Sokrates
Bollamy   Schilling
Katharina II. von Rußland   Gerstäcker   Raabe   Gibbon   Tschechow
Löns   Hesse   Hoffmann   Gogol   Wilde   Gleim   Vulpius
Luther   Heym   Hofmannsthal   Klee   Hölty   Morgenstern
Roth   Heyse   Klopstock   Kleist   Goedicke
Luxemburg   Puschkin   Homer   Mörike   Musil
La Roche   Horaz
Machiavelli   Kierkegaard   Kraft   Kraus
Navarra   Aurel   Musset   Lamprecht   Kind   Kirchhoff   Hugo   Moltke
Nestroy   Marie de France   Laotse   Ipsen   Liebknecht
Nietzsche   Nansen   Marx   Lassalle   Gorki   Klett   Leibniz   Ringelnatz
von Ossietzky   May   vom Stein   Lawrence   Irving
Petalozzi   Platon   Knigge
Sachs   Pückler   Michelangelo   Kafka
Poe   Liebermann   Kock
de Sade   Praetorius   Mistral   Zetkin   Korolenko

Der Verlag tredition aus Hamburg veröffentlicht in der Reihe **TREDITION CLASSICS** Werke aus mehr als zwei Jahrtausenden. Diese waren zu einem Großteil vergriffen oder nur noch antiquarisch erhältlich.

Symbolfigur für **TREDITION CLASSICS** ist Johannes Gutenberg (1400 — 1468), der Erfinder des Buchdrucks mit Metalllettern und der Druckerpresse.

Mit der Buchreihe **TREDITION CLASSICS** verfolgt tredition das Ziel, tausende Klassiker der Weltliteratur verschiedener Sprachen wieder als gedruckte Bücher aufzulegen – und das weltweit!

Die Buchreihe dient zur Bewahrung der Literatur und Förderung der Kultur. Sie trägt so dazu bei, dass viele tausend Werke nicht in Vergessenheit geraten.

Etwas über Shakespeares Schauspiele

Ulrich Bräker

Impressum

Autor: Ulrich Bräker
Umschlagkonzept: toepferschumann, Berlin

Verlag: tredition GmbH, Hamburg
ISBN: 978-3-8424-8868-7
Printed in Germany

Wann man dich auch citiren kann,
Komm doch ein Weil zu mir,
Und gönne mir, du großer Mann,
Ein kurz Gespräch mit dir.
Hört uns das Gsind und spottet mein,
So bitt ich, hilf du mir.
Ich will dir dann den Rüpel sein,
Sonst kann ich nichts dafür.

Im Näppis, das Geburtshaus Ulrich Bräkers

Himmel, welche Dummheit! Ein ungelehrter Tropf, ein grober Tölpelhans, ein Flegel, der irgend in einem wilden Schneeberg von zwei Klötzen ausgeheckt worden, der weder Erziehung noch Talente hat, so ein Plock erfrechet sich, an dem größten Genie sich zu vergreifen, sich an den größten Mann zu machen und seine Schriften zu kritisieren, die von der ganzen gelehrten Welt bewundert und angebetet werden. – Himmel, bewahre mich – nein, mein hochgelahrter Herr, ich würde zittern, wann mir irgend ein kritisches Wort entwischen sollte, wann irgend ein tadelnder Gedanke in meinem Busen aufsteigen sollte. Ich ehre diesen großen Mann so sehr, als man einen Verstorbenen ehren darf, und wünsch ihn in jener Welt anzutreffen. Das Glück, seine Werke zu lesen, dringt mir diese Zeilen zu seinem Lobe ab, und wenn Shakespeare noch lebte, würde er dies unmündige Lob nicht verachten; vielleicht mich zwischen den Rippen kennen und lächelnd ein gütiges Urteil fällen. Nein, nur über alle Teile etwas, nichts Kritisches, nur Gefühl, Empfindungen, Gedanken bei diesem und jenem Stück – mit diesem lieben Mann reden, als wenn er bei mir am Tisch säße. Ungereimte Fragen – ein Aber – oder Ich dachte – Ich hätte gemeint – oder ein Warum doch wird mir der gute William nicht übel nehmen.

Großer Mann – ich will zuvor abbitten – ich merk es nicht besser, du weißt gar zu wohl, wie fragsüchtig dergleichen Leute sind, wie bald ihnen unschickliche, ungeschliffene Worte entfahren – du hast eine ganze Welt in dir, wirst wohl auch so einen Kerl gezeichnet haben – er mag sein Portrait kennen oder nicht. Genug – wenn ich über alle zwölf Bände etwas schreiben will, wird dieses Bändchen voll genug werden.

Erster Band
Drei Lustspiele

1. Der Sturm. 2. Ein Sommernachtstraum. 3. Die beiden Veroneser.

Der Sturm

Wie konntst du, großer William, so ein Meisterstück machen, ohne eine ähnliche Geschichte zu wissen – freilich an Erfahrung wird's dir nicht gefehlt haben. Da in den ersten Auftritten das wütende Meer, die brausenden Wellen, die stürmenden Winde, dann der Matrosen ihr desperates Verhalten mag dir bekannt genug geworden sein. Aber wie konntest du so ein gräßliches Wetter, Feuer und Flammen auf die Bühne bringen – nein, das dachtest du nicht. Aber wie konntest du da einen Ariel erschaffen – Menschen, Luft und alle Elemente einem Geist Untertan machen und – nein, du hast keinen boshaften Geist gemacht – doch er mußte ja dem edlen Prospero gehorchen. – Aber wie können Menschen die Geister sich gehorchen machen? Ei, wir haben ja noch heutzutag Exempel genug unter uns, daß es Geisterbeschwörer gibt – das Wettermachen wird dem weiblichen Geschlecht zugeschrieben. Wozu sonst all die priesterlichen Segnungen der Felder und Acker – wissen wir doch, daß es Fürsten des Lufts gibt – aber wissen wir denn auch, ob sie einige Macht haben über die Elemente oder nicht? Freilich ist's geschrieben, aber geschrieben ist nicht gedruckt, und gedruckt ist nicht erwiesen. Dein Sturm gefällt mir, lieber William, er hat keiner Seele Leids getan – und da hast du lauter so lustige Bursch, die imstande sind, einen solchen Sturm auszuhalten. Deine wüste Insel möcht ich gar für mein Eigentum, wenn kein Kaliban drauf wäre, und auch eine Miranda, wenn sie auch nur halb so gescheit wäre. Dein Prospero ist mir zu mächtig. Wir haben noch alleweil Leute genug, die bannen – gfrören – gestohlene Sachen rumschwören können – aber solche sind, wenn ich's auch glaubte, nicht meine Leute, und wenn sie so glatt wären wie Butter und so fromm wie Prospero. Antonio, Sebastian, Stephano hasse ich – Trinkulo, Kaliban machen mich zu lachen. Dem alten ehrlichen Gonsalo bin ich recht gut – am meisten aber bin ich in die Insel verliebt. Meine Ideen sind so anmutig, alles so reizend um Prosperos Hütte herum, das schönste Grün, die zierlichsten Bäume, mit lieblich duftenden Blüten prangend, das holde Gesang der prächtigsten Vögel – dann die herrlichste Lage. Ariels Musik in der Luft, die wiegt einen so in melancholische Träume ein, daß man ein gutes Weilchen da zu Hause ist, die schönsten Blumen pflückt und schier halb Ferdinand ist, und sich bald an Miranda vergriffe, wenn einen das Ungeheuer Kaliban und der besoffne Kellermeister nicht weckte.

Wer muß dich nicht als einen wundertätigen Theatergott ehren: Erst läßt du alles zu Grund und Trümmern im Sturm, Wind und Wetter, in Feuer und Flammen aufgehen, wirfst alles durcheinander in ein Chaos, daß jeder alles ussert ihm verloren glaubt – und endlich bringst du wieder alles so herrlich zusammen, wie der Küfer die Dugen zu seinem Faß. Was würde die Zauberkunst schaden, wenn sie alles so gut machte und der Gerechtigkeit auf den Thron hülfe. Genug, lieber William, dein Sturm hat mir viel Vergnügen gemacht, mir viel Materie zum Denken gegeben und oft in Labyrinthe geführt, in denen ich mit allen Freuden herumirrte und nicht herausbegehrte. Alle deine spielenden Personen, selbst das Ungeheuer Kaliban ist schön. Aber da sollst du sehen, lieber William, daß ich ein Klotz bin, grad die Personen, die vielleicht am schönsten sind, mag ich am wenigsten – Prospero und seine Miranda sind mir gar zu schön.

Ein Sommernachtstraum

Verzeih mir, lieber großer Mann, ich könnte dir auch mit Sommer- und Winternachsträumen aufwarten, du würdest mir drauf hofieren. – Nein, so grob will ich deinem nicht begegnen – ich müßte ein Narr sein. Vielleicht schmeckt er deinen Engeländern ebenso gut als mir dein Sturm, und wann je ein Mann für allerhand Leute geschrieben, so hast gewiß du es getan. Dein Traum laß ich ungescholten, aber ich versteh ihn nicht – das Gereim hat mir einen ekeln Ton. Wenns mir je in meinem Leben träumt, daß ich im Schlaf in eine Gesellschaft komme, wo's in diesem Ton fortgeht, werd ich gewiß schlafend übers Bett hinausspringen. Da kommt ein Theseus, Lysander, kurz jede Fee mit ihren hölzernen Versen daher. Ich weiß nicht, was die Feen für Dinger sind, und wann ich's wüßte, möcht ich nicht mit ihnen umgehn, sie wären mir zu geschwind.

Die Personen des Zwischenspiels, die sind in diesem Traum meine Leute: Squenz, Schnock, Zettel, Schnauz, Flaut, Schlucker – wenn sie nichts redten, nur die bloßen Namen sagen mir, daß sie närrische Kerl sind. Ei, mein gelehrter Kritikus, da verrät er sich, daß er ein Tor, ein Narr ist. Oho, mein feiner, weiser, ernsthafter Mann, mit allen Freuden laß ich mich in die große Narrenzunft der Welt einschreiben – oder sage mir, ist nicht die große Welt das große Narrenspital? O weiser Jüngling, der du auf die große Schaubühne der Welt auftrittst mit einem Kopf voll Pläne, einem ganzen Rodel voll weiser Projekte – am Ende wirst du sehen, daß deine Rolle nicht viel besser ist als des Zettels seine. Oder wer spielt seine Rolle am besten – der seine Zuschauer am meisten vergnügt, oder der sie am meisten belehrt? Ich weiß es nicht, aber das weiß ich, daß die größten Narren den größten Beifall finden. Ihr müßt mir aber meine Narren nicht mit den eurigen verwechseln, sonst kam ich zu kurz. Es gibt ja vielerlei Narren, und wenn's drauf ankommt, was je einer aus dem andern macht, so ist wirklich die Welt platzvoll Narren – das müssen sich die größten Gelehrten gefallen lassen, die, welche von der halben Welt als Götter, als Weise verehrt werden. Die wissen's, daß sie von andern für Narren gehalten werden, und wenn sie das nicht wissen, so haben sie schon ein Stück vom Uelishut. Aber was geht mich das an, ich hab es mit dem Sommernachtstraum zu tun – es freut mich, daß es ein Traum ist – sonst aber wollt ich am liebsten mit Squenz und seinen Gesellen in der grünen Flur zwischen Zaun und Hecken spielen. Gute Nacht, Sommernachtstraum.

Die beiden Veroneser

Das ist mir ein wohlgemachtes Stück, aber ich zähl es mir doch nicht unter die besten, aber unter die mittlern. Proteus hat mich böse gemacht, ich hätt ihm Hundsfott gesagt, wenn er's mir so gemacht hätte; nein, ich hätt ihn gar beim Kopf genommen, wenn er mir bei einer solchen Silvia ins Gehege kommen wäre. Doch Valentin dünkt mir auch ein Tor, daß er sein größtes Geheimnis seinem Freund offenbarte, der in diesem Fall noch keine Probe gehalten: ich meinte doch, wenn einer von Jugend auf mit einem Freund umgeht, sollte einen besser kennen, ob er imstand wäre, in diesem Fall zum Verräter zu werden. – Doch was tut die Liebe nicht – schon vor manchhundert Jahren hat's geheißen, Wein und Weiber betören die Weisen. Der Herzog hat recht gehandelt – ich tat es auch nicht – nein, um alle Welt nicht, eine Tochter ließ ich mir nicht so leicht wegstehlen – und doch hätt ich's auch getan, wär ich Valentin gewesen.

Aber Julie, die arme Julie! Nein, Valentins Verbannung hat mein Mitleid nicht so rege gemacht als Julies Schicksal – nein, das ist zu viel für ein Frauenzimmer: so standhaft lieben, einen Untreuen, Meineiden lieben und von seiner Untreu Augenzeuge sein; nein, so ein Weibsbild gibt's nicht in der Welt. Doch ich will das schöne Geschlecht nicht tuschieren, vielleicht gibt's noch viel solche; aber man sollte sie zu Rittern schlagen, ein Ordenszeichen umhängen, daß man sie kennte. Lucette, du bist viel mehr Weib als Julie, und doch hast du Männerverstand, fast gar die Gabe zu weissagen. Zum Mitleid bewegend ist die Räuberbande gemalt. O, wie mancher ist schon von seinen Nebendgeschöpfen fast gezwungen worden, ein Bösewicht zu sein. Ja, meine zwei Hauptmänner sind noch dahinten, und die sind Skeed und Lanz. Mich nimmt wunder, lieber Sir William, wie du hast können zwei solche Kerls so meisterhaft zeichnen. Nimm mir's nicht übel, lieber Sir, wenn ich auf den Grund komme; es heißt, je fäuler Studenten, je besser Herren. Du mußt mir auch ein rechter Bube gewesen sein; man sollte dich nur so von zehn bis in die zwanzig gekannt haben – o ich weiß es gar zu wohl, die Sprünge gehn eim nicht so leicht vom Hirn weg. Ja, ja, Skeed, ja, Lanz, ihr seid wackere Kerls; ich wette zehn gegen eins, wo ihr auf der Bühne nicht mehr Beifall findet als euere Herren, und wenn ihr nicht gescheiter sind als sie, so will ich Hans heißen. Spotte nur nicht, lieber Autor, über Lanzens Freierei, über sein braunes Bauernmädchen – melchen ist so gut eine Tugend als sticken und nähen – und der üble Atem ist von einer Stadtnymphe entlehnt; Lanz wird's besser riechen, er ist kein Narr nicht. Lieber Lanz, du magst wohl ein bischen ein ungehobelter Burscht gewesen sein, aber ich weiß doch, daß du feiner sein könntest, wann du nicht sähest, daß du deine Zuschauer belustigst. Aber wann dich irgend ein Junker agiert, ha, dann gibt's ein läppischer Auftritt. Man lacht über dich, wann du so in allem Ernst mit deinem Hund Krab sprichst – aber lache du auch, wann ein Pastor ganze Stunden mit seinem Schatten spricht, ein Philosoph mit seiner Katze, ein Doktor mit seiner Salbbüchse – lache auch, ich will dir helfen. Meiner Treu, du und Skeed sind zwei brave Kerls. Wenn euere Herren sonst nichts verschuldt haben, als daß sie euch prügelten, so ist ihre Widerwärtigkeit verdient. Aber so spitzfindig seid ihr nicht, man tut euch unrecht – geradezu, wie's im Busen steckt – das laß ich gelten – aber so Wortklauber, nein – und doch hab ich so Junkerdiener gekannt, die ein jedes Wort im Mund verdrehen konnten. Gut, ihr sind meisterhaft gezeichnet – Skeeds Gespräch mit seinem Herren, wegen Silvia, und Lanzens mit seinem Schuh und seinem Hund sind Meisterstücke, die von keinem Gelehrten ohne Erfahrung können gemacht werden. Aber wer sich in der Welt ein bißchen umgesehen hat, wird sich zu erinnern wissen, daß er Skeed und Lanzen genug gesehen hat. Ich habe mich oft verwundert, wie diese Kerl sich, nur ihren Herren zu gefallen, närrisch stellen mußten und Tag und Nacht nur auf die Wortspielerei studierten, daß sie ihren Herren in Gesellschaften Freude machen konnten. Zuletzt wird's ihnen zur Gewohnheit, daß sie nicht mehr vernünftig reden, alles nur vertrüllt; und wann sie selbst zu Herren werden, ist gar nicht mit ihnen umzugehn. Andere müssen wider ihren Willen närrische Kerl sein – und die sind froh, wenn sie von einem närrischen Herren weg und zu einem vernünftigen kommen können.

Zweiter Band
Drei Lustspiele

1. Gleiches mit Gleichem. 2. Der Kaufmann von Venedig. 3. Wie es euch gefällt.

Gleiches mit Gleichem

In diesem Stück wird vorgestellt, wie ein Vincenzio, Herzog zu Wien, einen Statthalter gesetzt, ihm Vollmacht über die Regierung, über Leben und Tod gegeben. Er gab eine lange Reise vor, hatte aber nur im Sinn, in der Nähe, im Verborgenen zu bleiben und alles zu beobachten, kleidete sich in einen Mönchshabit und erhielt seinen Zweck. Angelo hieß der neue Statthalter; der trat die Regierung mit aller Strenge an, suchte alle Gesetze hervor, nach welchen ein Mann, wann er zu früh bei seiner Braut schlief, den Tod verwirkt hatte. In diesem Fall war ein junger Edelmann, Klaudio; der ward gefangen und sollte ohne Gnade sterben. Ein wilder junger Lucio nahm sich des Klaudio an, ging zu seiner Schwester Isabella ins Kloster, nahm sie zur Fürbitt mit zum Statthalter, konnten ihn aber nicht änderst gewinnen, als um Isabellens Ehre zum Lösegeld. Er wurde aber durch eine schöne List hintergangen. Eine Marianne, deren er die Eh versprochen, aber treulos verlassen hatte, wurde ihm anstatt Isabella beigelegt. Hernach, als der Barbar Angelo dennoch Befehl gab, Klaudio den Kopf abzuschlagen, wurde er durch den Kopf eines Ragozins, der als ein berüchtigter Räuber im Gefängnis gestorben, betrogen. Der Herzog, als Mönch verkleidet, sah dem Spiel allem zu und war selbst Anstifter des Betrugs. Endlich entdeckte er sich, und nachdem er die Verbrecher in die Enge getrieben und die Unschuld gerettet, mußte Angelo seine verlassene Marianne heiraten, und er selbst nahm die tugendhafte Isabella zum Weib, und Klaudio kam zum Vorschein und herzte sich mit seiner geliebten Juliette.

Dieses Stück zähl ich mir unter die schönen. Es ergötzt mich sonderbar das Unternehmen des Herzogs, um seinen Staat zu beobachten. Der Heuchler Angelo, wie streng er auf die Gesetze und selbst ein äußerlich strenges Leben führen und doch ein Bösewicht sein konnte, wie er stufenweis in seiner Bosheit ging, so natürlich wie die Menschen pflegen zu gehen. Man findet Stoff genug zu moralischen Gedanken, wie Angelo die Menschheit zu verteidigen und das Laster so schön zu beschönigen weiß. Und die Reden Isabellens sind vor allen aus schön; und wie schön ist ein Lucio geschildert, ein Mensch, der gewohnt ist, lauter Böses von seinen Nebendmenschen zu reden. Aber, o Isabella, deine Reden sind sonderbar schön, und doch hast du mich böse gemacht, du strenge Schwester. Wann dein unglücklicher Bruder vor dem Tode zittert, nennst du ihn einen Unmensch, einen feigherzigen, schändlichen, elenden, wolltest ihn durch einen Fußfall nicht vom Tod erretten. Was denkst du, hartherzige Schöne; ich denke, dein Bruder sei mehr Mensch als du, du willst mehr Engel sein als Mensch. Es dunkt mich menschlich, wann Klaudio sagt: Ja, aber sterben und hingehn ohne zu wissen wohin, in kalter Erstarrung daliegen und verfaulen, statt dieser warmen, gefühlvollen Bewegung ein starrer Erdklumpen zu werden, indes daß der wollustgewohnte Geist sich in feurigen Fluten badet oder in Gegenden von aufgehäuftem Eise zittert, oder, in unsichtbare Winde eingekerkert, mit rastloser Gewalt rund um die schwebende Welt getrieben wird, oder noch unseliger ist als das Unseligste, was zügellose und schwärmende Gedanken heulend sich vorbilden – das ist entsetzlich! Das jämmerlichste, armseligste Leben mit allem Ungemach behaftet, welches Alter, Krankheit, Dürftigkeit und Gefangenschaft der Natur auflegen können, ist ein Paradies gegen das, was wir von dem Tode fürchten. Dann das ängstliche, wehmütige Wort: Liebste Schwester, laß mich leben. O Klaudio, wie menschlich – Isabella, du bist hart; wie kannst du zu einem lebenden Bruder sagen: Stirb, Elender. O Klaudio, welch ein Sprung von deiner Schwester strengen Tugend zu deiner Menschlichkeit herab, und dann welch ein Abstich zwischen deiner fühlenden Brust bis zu einem versteinernden Bernardino herab. Deiner Schwester richterliches Rufen: Stirb, Elender, und eines spottenden Rüpels Geschrei: Wach auf, Bernardino, du mußt dich hängen lassen! Du bist eine ausgesuchte Jungfrau, Isabella: ich wette, wo's all zum andern Haus so eine gäbe. Aber nein, es ist kein Spiel, Bösewichter müssen fallen, und die Unschuld muß an den Tag über kurz oder lang. Angelo, der Betrüger, den alle Welt für einen Heiligen hält, muß vor der Welt Augen zu Spott und Schanden gemacht werden. Der gefallene Sohn, der arme Klaudio, muß in die Not kommen, aber zuletzt mit Ehren angenommen werden. Und dir, Isabella, gehört ein Herzog – aber mich nimmt's wunder, wenn du von hier absegelst, ohne einen Fleck zu bekommen. Und dir, Herzog, wie wohl tat dir dein Verstecken, da du hören konntest, was die Leute von dir sprechen. Lucios Reden sind treffliche Lehren für dich, du wußtest sie auch schön zu applizieren; und dir, Marianne, wünsch ich Glück zu deinem Mann, du brauchst es wohl.

Habe Dank, lieber Sir William, für dieses schöne Stück Arbeit, es ist mir in aller Hinsicht wohlbekommen und hat mir den Sommernachtstraum reichlich ersetzt. Jede Szene vergnügte mich, jede Person vom Herzog bis zum Rüpel herab sind zierlich gemalt.

Der Kaufmann von Venedig

Antonio, ein reicher Kaufmann, verbürgt sich für sein Freund Bassanio einem Juden Shylock für 3000 Dukaten auf drei Monat, und wenn er's nicht bezahlte, ein Stück Fleisch aus seinem Leibe, wo es dem Juden gefiele. Nach Verlauf der Zeit kam dem Antonio traurige Botschaft von allen seinen Kauffahrteischiffen, daß alles verloren sei. Er kam in Mißkredit. Der Jud drang auf Bezahlung, wollte sein Stück Fleisch von Antonios Herzen ohne alle Barmherzigkeit rechtlich haben. Es kam vor den Herzog und half kein Bitten, hatte allen Anschein, daß Antonio herhalten müsse; bis ein reiches Fräulein, die hernach Bassanio freite, verkleidet als Richter herkam und einen salomonischen Ausspruch tat; daß zwar Shylock sein Pfund Fleisch vermöge der Verschreibung haben solle, aber er solle keine Unze mehr oder weniger, auch kein Tropfen Blut mitnehmen, sonst er selbst des Todes sein solle. Der Jude wollte gern leer abziehen, aber es kostete ihn noch sein Hab und Gut. Die weise Portia spielte noch mehr gescheite Possen. Das Lotteriespiel mit ihrem Kästchen ist sehr possierlich und ein rechtes Gemälde von dem scheinbaren und dem wirklichen Glück dieser Welt. Ungemein schön weiß mein William hier zwei Geschichten, die Grausamkeit des Juden und den Liebeshandel des Bassanio zu vermischen, als ob es eine Handlung wäre. Recht artig wissen die zwei Dinger Portia und Nerissa ihre Liebhaber mit einem Ringe zu täuschen und als Doktor und Schreiber zu betrügen. Aber verzeihe, lieber William, so eine Portia ist nirgends zu Hause als in dir. Du teilst dem jungen Ding gar zu viel von deinen Gaben mit. Doch wer weiß, was für Geschöpfe du auch magst gekannt haben. Einmal ist Portias Weisheit wohl viel für ein so kleines Jüngferchen; ihre oder vielmehr deine Reden, anfangs, oder wer es auch sagt, so ist es immer wohlgesagt und entzückte mich mehr als Antonios seltener Charakter. Wenn Tun so leicht wäre, sagt Portia zu Nerissa, als Wissen, was man tun sollte, so würden alle Kapellen Kirchen und armer Leute Hütten Paläste sein. Das ist ein guter Prediger, der seinen eigenen Lehren folgt. Ich will lieber zwanzig Leuten sagen, was gut zu tun wäre, als einer von den zwanzigen sein, die meinen Vorschriften folgen sollen. Das Gehirn kann wohl Gesetze für das Blut aussinnen, aber ein warmes Temperament springt über ein kaltes Verbot hinweg. Der Jüngling Unsinn ist ein solcher Hase, daß er über das Netz des Krüppels Vorbedacht hinwegsetzt. Aber alle diese Überlegungen etc. – genug, Portia ist ein so weises Ding, daß ich schwerlich glaube, daß Salomon unter allen seinen tausend Weibern eine so weise gehabt habe – denn ihre Reden sind die schönsten unter allen, und doch treten große Männer auf. Antonios Charakter ist, sonderlich unter Kaufleuten, ein seltener Charakter. Und doch zweifle ich nicht, daß es nicht solche gebe. Ob sie aber ihre Brust dem grausamen Messer eines Juden darböten, weiß ich nicht. Die Grausamkeit Shylocks ist entsetzlich. Traurig, daß man sie unter den Menschen findet, und wollte Gott, allein unter den Juden. Hingegen die Freundschaft unter den Christen Antonio, Bassanio und ihren Freunden ist so etwas Reizendes, daß man von Stund an wünscht, solche zu haben und ein solcher zu sein. O was ist wahre Freundschaft! Himmel auf Erden – Jonathan und David – gewiß, der Tod selbst muß unter Freunden süße sein – wo's man so herzlich meint, mit Gut, Leib und Blut Freund ist. O du heiliger Himmel, edle Freundschaft, zuckersüßes Leben, in welchen Winkel haben dich unsere Zeiten verjagt, wo ist dein Wohnort, edles Leben? Unter Bettlern, unter Saufbrüdern, nicht unter Göttern dieser Erden. Edler Antonio, kein Wunder, daß du arm warst, aber ich dachte, nicht Sturm und Wellen, sondern dein freundschaftlich Herz habe dich arm gemacht wie Timon. O sei immerhin arm, du triffst mehr arme Freunde an als reiche. Die sind nur Freunde, wo sie nichts geben dürfen, wo man ihren Geldsäcken und ihrem Ehrdurst fröhnt, Freunde, wo sie Schmeicheleien hören, wo ein leerer Ton von Freundschaftsbezeugungen ihre Ohren kitzelt. Da sind sie Freund, so lang der Schall ihre Ohren füllt, bis ein anderer Schall sie verdrängt. Noch eins: Lanzelot, der junge Gobbo, gefällt mir recht wohl, da in seinem Selbstgespräch; wie der ehrliche Bursch aus ihm spricht, wie er mit seinem Gewissen zu Rate geht, ob er aus des Juden Diensten fortlaufen solle oder nicht. Und dann das Gespräch mit seinem Vatter, dem blinden, alten, ehrlichen Gobbo; gewiß ein recht schönes Paar, Vatter und Sohn, so ehrliche Landskinder, die nichts gelernt haben als ehrlich sein – und doch der junge Gobbo, der so was von den Stadtmanieren aufgeschnappet hatte, das so mit seiner ländlichen, ehrlichen Einfalt nicht harmonierte. Gewiß, lieber Sir William, mir däucht, du seiest in der Schweiz gewesen, habest irgend ein Bauernjung in Basel gesehen, den sein Vatter besuchte und seinem Herrn ein Präsent brachte. Mir ist, ich habe selbst jung und alte Gobbos gesehen.

Wie es euch gefällt

Mir gefällt's, in der Tat, mir gefällt's recht wohl. Freilich ist nichts daran gelegen, ob's mir gefalle oder nicht, mir aber ist's genug, wenn's mir gefällt. Gewiß, mir ist's ein allerliebstes Stück, bin ganz in etliche Personen verliebt. Da kommt ein Orlando vor, gewiß liebenswert gezeichnet, der von seinem altern Bruder Oliver, einem Bärnhäuter, ein rechter Kain, geneidet, unterdrückt wird, der ihn gar mit Manier aus dem Weg räumen wollte, indem Oliver ihn zu einem Wettkampf mit einem handfesten, verwegenen Kerl, einem Ringer, aufhetzte und diesem winkte, Orlando den Hals zu brechen, der aber herrlich über den Kerl siegte. Dann Adam, ein ehrlicher Bedienter, der in seinen alten Tagen dem Orlando so treu davon half aus der Schlinge, die ihm nach dem Sieg von dem bösen Herzog und seinem verräterischen Bruder gelegt ward. Man möchte den redlichen Adam auf seinen Rücken nehmen und in eine bessere Welt tragen. O Redlichkeit – du mußt dich oft müd und matt unter einen Baum hinlegen; verfolgt von deinen verräterischen Feinden – Falschheit –, mußt du im Elend darben, indem sie sich in Wollust badet und auf Thronen schwelgt. Da kommen dann auch zwei weibliche David und Jonathane daher, so liebenswürdig, o so reizend, daß man von Stund an ihr Packträger werden möchte: Celia und Rosalinde, des vertriebenen und des regierenden Herzogs Töchter, die miteinander die Flucht nehmen nach dem Ardennenwald, den alten Herzog aufzusuchen. Ich möchte diese possierliche Reise mitmachen, Hunger und Durst, Frost und Hitze und alles Ungemach ausstehen: der Rüpel ist auch nirgends so aufgeräumt als bei diesen zwei allerliebsten Geschöpfen. Und dann der alte edle Herzog Friedrich, wie edel in seiner Verbannung, in der reizend beschriebenen Einöde. Wie schön beschreibt er da ein freies Leben, gegen dem falschen Hof leben, wie schön auf der Jagd gegen das unfreundliche Wetter trotzend und doch zufrieden. Dann seine Gefährten, Amiens und Jacques, edle Kameraden, die in die Verbannung folgen. Jacques, wie er da am Bach über einen angeschossenen, ächzenden Hirschen moralisierte, der in den Strom hinein weinte, der doch keines Wassers bedurfte. Der arme, verlassene, haarichte Tropf – edler Jacques, du hast recht, so treibt das Unglück die Flut der Gesellschaft zurück. Wie eine sorglose Herde vorbeistrich, wohlgefüttert und stolz: Ja, schwärmt nur verbei, sagst du, ihr feisten und aufgefütterten Bürger, ja das ist eben die Mode. Du hast recht, die Menschen sind alle Räuber, Mörder und Tyrannen. Die Tiere sind in ihren von der Natur angewiesenen, angeborenen Wohnplätzen nicht sicher, sie schrecken s'heraus und tötens'. Sie machen dir Vorwürfe, guter Jacques, daß du selbst ein ausschweifender Bube warst und nun deine Sünden der Welt aufbürden wollest. Ach, sie machen es so, besser, wir halten das Maul. Wer je in seinem Leben einen Fehltritt getan, den läßt man gar kein Wort mehr über die Sitten sagen, änderst die Farbe des Volks begünstige ihn. O du hast recht, eine Harlekinsrolle. Gewiß, man hätte große Lust, einen Narren zu werden. Wie der gute Orlando auf Wildbret ausgeht und seinem treuen Adam zu leben befiehlt, den alten Herzog und seine Leute unterm Baum beim Essen überrascht. O, da ist's all so angenehm, so reizend beschrieben, wie er die Mahlzeit der Not heischt, wie sie darüber philosophieren und als Freunde da im freien Felde so patriarchisch tischinieren. Dann die ländliche Gegend, die Schäferei, die Schäfer und Schäferinnen – wie angenehm, wie reizend, o, Sir William, du hast gewiß dies holde Schäferleben nach der Länge studiert, bist wohl oft wonnetrunken von den Schafhürden nach der tumoltischen Stadt zurückgekehrt. Ein verliebter Sylvius und eine spröde Phöbe mögen oft dein Herz gerührt haben, daß du deine Rosalinde selbst zur Schäferin gewünscht. Wie artig paßt ihr da ihr Schäferkleid, indem sie eine ganze Schäferei kauft. Aber sie spielt dem guten Orlando ein bischen wunderlich herum, kommt schier ins Abenteuerliche hinein – aber ich verzeihe ihr alles, weil ich schon von Anfang in sie verliebt bin. Schönste Rosalinde, du möchtest nun zur Zauberin oder noch so wunderlich werden, wie es dich immer gelustet, ich müßte dir dennoch gut sein; Hosen und Wams stehn dir so trefflich wohl an. Der Rüpel und andre sind so zierlich; so grob und ungeschliffen sie sind, so stellen sie doch den größten Haufen von Menschen vor. Sie möchten so sehr über diese Heirat lachen, als sie wollten, so würden sich doch viele tausend hier gezeichnet finden, wann sie sich selbst kennten. Genug, hier gefällt mir alles, voraus diese einöde Gegend, die schöne Gesellschaft von Hirten und Jägern und wundertätigen Schäferinnen. Ja, du hast Himmelsmacht, göttlicher Mann: einen tyrannischen Herzog, einen barbarischen Bruder bekehrst du plötzlich wie jener Blitz einen Saul, machst Helden wie David, der Löwen besiegt, machst die wunderbarsten und glücklichsten Ehen, hilfst der verstoßenen Unschuld auf den Thron und stürzest hohnsprechende Goliaths zu Boden. Wem sollte deine Arbeit nicht gefallen, du Wundermann? Vielleicht einem stolzen Städtler, einem brutalen Höfling, der nur Gefühl hat für die rauschende Lust, oder für verzärtelte Nerven. Mir gefällt's, lieber Mann. Ich bin dir viel Dank dafür schuldig. Du hast mich ergötzt, belehrt und beruhigt. Mir gefällt's wohl.

Dritter Band
Drei Lustspiele

1. Der Liebe Müh ist umsonst. 2. Das Wintermärchen. 3. Der heilige Drei Königs-Abend oder Was ihr wollt.

Der Liebe Müh ist umsonst

Nein, sie ist nicht umsonst, wer nur auf eine gescheite Art zu Werke ginge. Freilich, so alberne Kerl können lang herumgehen wie die Katz ums heiße Mus, ohne es zu kosten. Aber die Liebe hat immer ihre getreuen Anhänger belohnt, wenn sie's nicht selber verderbt haben. Der Titel müßte mir anders stehen, nicht so allgemein: Der Liebe Müh ist umsonst. Verzeihe mir, großer Mann, ich dachte allerlei über dieses Stück. Oft dacht ich, dein Lehrjung habe es gemacht und so einige Strophen von dir geborgt; oft dachte ich, du habest es etwa in müßigen Stunden, bei übler Laune, irgend in einem Bierhause in dein Taschenbuch niedergeschrieben, indem du eine spitzfindige Liebeszänkerei behorcht, hernach sei es, weil's von dir war, aufgeschnappt worden, wie von jenem König der Abgang zu Schnupftabak; oft dacht ich, nein irgend ein Papagei, ein Nachschwätzer habe es in deinem Namen gemacht. Ich laß es gestellt sein, doch, wenn ich gewiß wüßte, daß du es gemacht und im Ernst es als etwas Erhebliches für die Nachwelt geschrieben hättest, so würd ich's Dir zu Gefallen verehren. Gut, ich will glauben, du habest es nicht gemacht, und wann du's gemacht hast, sei's dir doch nie in Sinn kommen, daß alle Welt soll Freud dran haben. Ha nu, zum Andenken, daß ich's gelesen habe, will ich doch hersetzen, was ich daraus behalten habe – das Beste oder nicht. Erst kommen da ein König von Navarra mit einigen dummen Hofleuten aufs Tabet, unter welchen ein närrischer Biron der gescheiteste ist, die sich durch einen tölpischen Eid auf drei Jahr zum Studieren, Kasteien und Fasten verschwören. Hernach kommen einige Witznarren mit ganzen Säcken voll unnützen Worten: ein Armado, Dull, Kostard u. s. f. Dann kommt da eine Prinzessin aus Frankreich mit ihren Hofdamen Rosalinde, Maria, Catharina und andern Burschen. Aber ich weiß nicht, was sie machen, ussert daß diese und jene einandern einen Besuch machen und jenen eidbrüchig werden und s'diese höhnisch und spöttisch aufziehn. Das sind aber Weibsleute, die keinem ehrlichen Burschen Anfechtungen machen. Es ist wüst, wenn die Dinger tun, als ob sie allen Witz allein gefressen haben und sich so brutal und spröde stellen. Freilich verdienten's jene

Gecken nicht besser, aber s'ist doch nicht hübsch. Ich habe mir im ganzen Stück kein sonderbaren Charakter bemerkt. Alltags-Charakter genug, Geschwätz, Zänkereien, Spitzfindereien genug, aber ich wüßte nicht, was mir lehrreich sein sollte. Birons Räsonnimang vom Studieren – ja das. Dies Stück stellt die halbe Welt vor, die mit ewigem Geplauder von lauter Nichts die Zeit vertreibt; stellt Millionen Autoren vor, die mit ewigem Geschwätz ganze Folianten füllen, mit lauter Worten ganze Beigen Papier übersalben, die alle zusammen kaum so viel sagen als ja und nein. Hast du's gemacht, grosser William, so freut's mich, daß dein Geist auch so niedrig fliegen konnte. Ich weiß, das Stück hat dir mehr Müh gemacht als alle deine schönen Stück, die wie eine reiche Quelle daherflossen, da dein Geist munter war und eine ganze Welt in sich hatte. Aber warum sollte dein Geist nicht auch schlummern. So kommt's dann, wann man etwas erzwängen will.

Das Wintermärchen

Schon wieder besser, ein recht artiges Märchen. Der große Geist ist schon alerter, fliegt schon höher, über Stauden und Hecken, über Meer, über Zeiten hinweg. Wenn doch etwas gefällt oder nicht ge-fällt, Himmel, welche Kleinigkeit! Ein Mensch gefällt, der andre nicht, und sind doch gleiche Menschen. So ein paar Augen, so ge-wisse Züge, ein Ton, eine Miene, man kann oft nicht sagen warum, nur er gefallt mir, der andere ist mir widerlich; weiß nicht warum, genug, er gefallt mir nicht. Ei, es muß doch irgend eine unsichtbare Geisterharmonie sein, die müssen sich aus gewissen Zügen, einem Ton, einem Blick kennen – was aus dem Geist fließt, fließt wieder in einen solchen, aus einem andern gefällt's nicht. O, wer nur das Geisterreich in dieser Körperwelt verstünde.

Leontes, König von Sizilien, und Polyxenes, König von Böhmen, sind gute Bekannte und Freunde von Jugend an. Polyxenes besuch-te den König von Sizilien. Wie angenehm und reizend wird da die Freundschaft gezeichnet, bis ein mißgünstiger Teufel, der reine Freundschaft nie leiden kann, dem Leontes die Eifersucht einhauch-te, die Freundschaft jämmerlich zertrümmerte und entsetzliches Unheil angerichtet, wenn unser großer Theatergott es nicht zu ver-hüten gewußt hätte. Aber er wußte die edle Hermione auf eine wunderbare Art zu erhalten und den jungen Mamillius, und nach vielen Jahren alles wieder herrlich zusammenzubringen.

Wie schön ist der Charakter eines Kamillo, wie edel in seinen Handlungen, nachgebend und doch der Wahrheit getreu, nicht verwegen und doch für die Unschuld alles unternehmend und beherzt. Wie sieht man so allgemach das Feur der Eifersucht in der Brust Leontes aufglimmen, daß man den armen Tropf eben so wohl bedauert als die gute Hermione. Wenn so ein Stück Arbeit nicht auch Lust und Freude macht, bald zu innigem Mitleid bewegt, bald in Zorn bringt und Rache im Busen lodert, so taugt es nicht viel. Wer muß hier nicht den edlen Polyxenes, die gute Hermione, den jungen Mamillius bedauern; wer nicht sich über einen rechtschaffenen Antigonus, Kamillo und eine Paulina freuen, über einen Leontes ergrimmen! Aber wie innig rührte mich die Szene, wo Antigonus mit einem Kind auf dem Arm, in einer Wildnis, am Rande des Meeres, in Sturm und Wetter das Kind hinlegt und segnet. Wie sein Herz blutet und sein Auge tränet! Mein Herz möchte mitbluten, sich bei der jungen Perdita hinsetzen und bewachen wie ein Vogel seine Jungen. Ich möchte dem guten Antigonus zu Hülf eilen, den Bären umbringen, zerfetzen und zerhacken, ihn und das Kind in die Hütte des Schäfers führen. Welch ein Sprung machst du da über 16 Jahre hinweg, und da setzst du dich zu einer Schafschur hin; so lieb sind dir ländliche Freuden! Gewiß, mir auch. Deine Schäferfreuden haben innig wohlgemacht. Welch ein Florizel, eine Perdita, ein Schäfer, ein Rüpel, selbst der Spitzbub Autolykus ist schön. Da schaffst du alles her, was zu einem lustigen Feste gehört. Aber du zeigst auch den Unbestand zeitlicher Freuden. Armer Florizel, schöne Perdita, wie bebte mein Herz für euch, eh ich das Ende wußte. Ich hatte meine Hand an ein gesalbtes Haupt gelegt und den harten Polyxenes nach Hofe gewiesen. Aber wie freut ich mich, da sich alles so herrlich endigte. Tausend Glück wünscht ich Florizel, Perdita und der auferstandenen Hermione und dankte dem wundertätigen Kamillo und Paulina – und erwachte von meinem Traum, – denn ich war ganz da.

Der heilige Drei Königs-Abend oder Was ihr wollt

Ist auch ein schönes Stück von viel bündtigen Reden. Freilich geht's da an den Küsten von Illyrien in Kreuz und Quer durcheinander, daß man oft selbst nicht weiß, wo man zu Hause ist. Da kommt ein Herzog, der in ein schönes, reiches Fräulein Olivia verliebt ist, aufs Theater. Er spricht recht artig von der Liebe. Hernach kommt Viola, die in den Herzog verliebt ist und in Mannskleidern sein Bedienter wird. Da gibt's einen ganzen Haufen Irrungen, daß man zuletzt fast schnurrig wird. Der weibliche Wankelmut wird bei der Olivia nett gezeichnet. Erst verschwört sie sich, sieben Jahr um einen Bruder zu trauern, ihr Gesicht soll nur die Luft nicht küssen – und kurz drauf entschleiert sie sich einem Bedienten, wird in ein Weibergesichtchen verliebt und will, was sie nicht will. Olivia heiratet zuletzt Sebastian, Violas Bruder, weil sie meinte, es sei Viola, die Mannskleider trüge. – Die zwei Geschwister sahen einander so ähnlich wie zwei Bienen, hielt je eins das andere im Schiffbruch für ertrunken. – Viola nannte sich Cäsario.

Endlich, wie der Betrug entdeckt wurde, heiratete der Herzog sein Bedienter und Olivia den Sebastian. Narren, Saufbrüder, Spaßmacher hat's genug in dieser Komödie. Da ist ein Rüpel, ein Sir Tobias Rülp, ein Andreas Fieberwange, der ein Aug auf Olivia hatte und die andern ihm brav absoffen, ein Fabio, ein Malvolio. – Am besten gefällt mir der Spaß, den Maria, Olivias Kammermädchen, und die andern Kerls dem närrischen Malvolio spielten, die den einbilderschen Lümmel konnten glauben machen, er werde seine Herrschaft Olivia bekommen. Sein Charakter ist nicht selten, und von den übrigen Spaßmachern, Schmarotzern ist die Welt voll.

Vierter Band
Drei Lustpsiele

1. Die lustigen Weiber zu Windsor. 2. Die Kunst eine Widerbellerin zu zähmen. 3. Die Komödie der Irrungen

Die lustigen Weiber zu Windsor

Dies Stück müßt mir der dickwanstige Falstaff heissen, denn er macht die Hauptperson des ganzen Spiels aus. Sonderbar lustige Weiber hab ich keine angetroffen: freilich hatten sie den Kerl zum besten, aber das würden fast alle einem solchen Koloß nicht besser machen. Falstaff ist ein possierlicher Kerl, aber doch find ich ihn an einem andern Ort weit schöner gezeichnet, sein Charakter fällt beim König Heinrich IV. weit besser in die Augen. Hier kommt wieder so ein Gemengsel von Saufbrüdern, Wortspielern, Spitzbuben u. dgl. lustigen Purschen vor. Falstaff versteht sich besser auf Schelmenstreich, aufs Windmachen, als auf Liebespossen. Der Beschreibung nach konnte sein Körper den Frauensleuten keine großen Anfechtungen machen. Er wird von einer Frau Fürth und Frau Page etlichemal hintergangen, mußte sich allemal verkriechen, wenn Herr Fürth dazukam, ins Ofenloch, unter die Wäsche, wo sie ihn dann hinaustrugen und ins Wasser schmissen. Es ist aber nicht so natürlich, daß ein so verschmitzter Kerl wie Falstaff von den gleichen Weibern sich so oft betrügen lasse und sich noch allemal selber bei dem Mann angab – freilich ist er ein offenherziger Kerl, der seine Schelmenstreiche gar nicht geheim hielt. Ich fand hier viel schön gezeichnete Charakter, aber doch keinen, der mir recht schön vorkam. Das Spiel da mit Anna Page, die drei Bewerber hatte, einen, den sie wählte, einen, den ihr der Vatter und einen andern die Mutter geben wollte, das muß recht lustig lassen, wenn Falstaff da bei Hernes Eichbaum mit einem Rehkopf erscheint und die Feen um ihn herum tanzen, ihn kniepen und brennen. Aber ich möchte die Weiber mit ihrem Hohngelächter nicht sehen, sie gefallen mir zum voraus nicht. Die drei Nebenbuhler, die Freier der Anna Page, Fenton, Schlender und der Doktor Kajus, der so deutsch daher stolpert, die möcht ich sehen. Wenn's wirklich so auf der Strauben stünde, daß jeder nach Anna Page zielte, Schlender nach dem weißen, Kajus nach dem grünen Kleid, wie jeder mit der vermeinten Braut ganz entzückt davonschlüpfte, und Schlender einen Postjungen, Kajus einen Bauernjung und nur Fenton die rechte Anna hatte. ha, die Kerls würden große Augen machen. Kein Wunder, wann sie s' schon wacker abgeprügelt hätten: unserm H. Wälly möcht ich nicht gern auf die Art seine Braut sein. Ich meine doch, es gehören eigene Leute, oder wenigstens besondere Gemütsstellungen dazu, wann dies Stück recht gefallen will. Freilich geht man nicht in die Komödie, um zu beten und den Kopf zu hängen, aber doch, dünkt mir, kommt auch gar keine Person vor, die einem die Seele bewegt. Verzeihe mir, großer William, dein großes Genie scheint zwar überall hervor, aber doch scheint's mir, du habest dies Stück in irgendeinigen leichtsinnigen Tagen, da deine Gemütsstellung ein bißchen aus dem Gleise war, gemacht, vielleicht nur zu Gefallen, lustige Damen zu ergötzen. Sonst bringst du in andern Stücken auch hie und da Personen her, die einem beweglich ans Herz reden. Ja, meinetwegen, es sind lustige Weiber zu Windsor, aber nicht nach meinem Humor. Gute Nacht, Falstaff!

Die Kunst eine Widerbellerin zu zähmen

Ha, schon besser nach meinem Humor. Lieber Petruchio, mache auch einen Besuch in unserm Land, ich will dir Kunden zuweisen, daß du davon leben sollst. Wann deine Rezepte probat sind, so will ich dich gebeten und ganz de- und wehmütig ersucht haben, im Namen aller deren, die von Käthen geplagt und jämmerlich mißhandelt werden – deren ich ganze Legionen kenne, in Compagnien verteilt und ungleich montiert; wiederum zu unterscheiden an dem Dupe, denen es die Cathreinen jede nach ihrer eigenen Art frisiert – bei denen will ich dich aufs beste rekommandieren –. Aber wann du kommen willst, so laß uns doch wissen und bringe ja gute Attestate mit, denn es sind einige unter uns sehr kleingläubig; weil sie schon ihren Witz abgestumpft und alle ersinnlichen Mittel umsonst verschwendet haben, – so sind sie so sehr verzagt, daß sie ehender glauben, das Meer auszuschöpfen und Berge zu versetzen, als eine solche Zunge still zu machen. Ich zweifelte selbst schier an deiner Methode, wann ich dein Käthchen nicht in ein Schäfchen verwandelt sähe. Und dennoch will oft noch Zweifel in mir aufsteigen, daß ich argwohne, dein Käthchen möchte noch nicht vom rechden Leder, vom recht zähen Schlage sein. Einer von uns hat ein Käthchen, welches ihm alleweil Lauskniker sagte, welches ihn so sehr angriff, daß er schon alles darwider probierte. Aber das ist ihr eben recht, Lauskicker ist alleweil auf ihrer Zunge. Als sie einst gar nicht wollt aufhören lausknickern, geriet er in einen heftigen Zorn, schmiß sein Käthchen in einen tiefen Brunnen – und tief in Wasser, da sie Maul und Nase zuhalten mußte, knickte sie noch beständig mit den Nägeln an ihren Daumen. Das ist eine, die wird Probe halten: Lieber Petruchio, mache dich doch wohl gefaßt und setze dich vorher auf alle Fälle in feste Positur. Lieber Sir William, du bist sehr schonend gegen das schöne Geschlecht. Wenn dein Käthchen der Kopie entspricht, so verdient sie den Namen einer Widerbellerin gar nicht, vielmehr verdient dein Petruchio den Namen eines groben ungeschliffnen Pflegels. Eine solche Kur wollt ich keinem Hunde gönnen, geschweige einem so schönen Geschöpf, das sich von einem solchen Bengel noch so leiten laßt und zuletzt das allerschönste Weiberherz entdeckt. Nein, ich weiß, William, du hättest aus deiner Vorratskammer ein viel scheußlichers Ungeheur können herbringen, aber ich kann mir wohl vorstellen, wie's geht – wer so in die Welt hinaus schreibt. Und was wollte man doch das ganze schöne Geschlecht, so viel schuldlose, edle Herzen mit einem Schandfleck beschämen. Könnte man doch von unserm Geschlecht recht wilde Ungeheur, Bestien, Barbarn, Tiger, Löwen, Wölfe, Vollhengste aufs Theater bringen und jeden rechtschaffenen Mann ärgern. Ich dächte wohl, man sollte Gleichs und Gleichs an ein Joch spannen, aber das Schicksal kehrt sich nicht an mein Denken – wird freilich besser wissen, was zusammen muß, als ich. Am besten wär's, man ließ einandern ungeschoren und fände sich in aller Stille miteinander ab, ohne daß man so in die Welt hinein lärmte und alle Element störte. Die Einleitung und Zwischenspiele mit dem Kesselflicker Christoph Schlau dünkt mir recht artig. Das ist ein Trunkenbold, aber ganz von Falstaffs Art unterschieden – in kurzen Zügen ist er ähnlich genug – ich wollte doch lieber mit diesem als mit Falstaff teilen. Da brandmarkst du auch einen Nimrod, ein Lord, ein Hundeliebhaber, ein Tierverfolger, aber auch solide; – und doch magst du die Kerls überall nicht. O, du hast recht, ich mag sie auch nicht, sie kommen mir alleweil als blutgierige Leute vor. Die armen Tiere sind in der weiten Welt nirgends sicher vor diesen blutdürstigen Nimrods und ihren fräßigen Hunden. Der Betrug da, den der Pedant und ein Lucentio spielen, ist auch artig, aber viel besser gefällt mir der Schwung von Bianca, die erst als ein so zahmes Tierchen kommt, und hernach übertrifft sie Käthchen weit. Ja, ja, kleine kriechende Würmchen können auch zu großen Schlangen erwachsen. Närrische

Kerl gibt's auch genug in diesem Spiel: Gremio, Grumio, Biondello, Tranio usw. Aber Petruchio übertrifft sie alle. Ja, ja, Käthchen, du solltest eher deinen Petruchio zähmen, und Grumio gehörte gar ein Dreck auf die Nasen.

Die Irrungen

Ein Lustspiel. Freilich ein Lustspiel – ja am Ende wohl – aber doch anfangs mitleidbewegend genug. Man möchte mit dem armen gefangenen Aegeon zum Tode gehen und die unbarmherzigen Gesetze von Ephesus in die Hölle verdammen. Dann möchte man immer den irrenden Burschen zurechthelfen und dem armen lustigen Sklaven Dromios die Prügel vom Halse halten. Lieber Menschenmacher, warum machst du doch die sonst guten Herren so prügelsüchtig? Ist's denn in allem Ernst so Mode in der Welt? Mich dünkt's doch gleichwohl eine verzweifelt unwirsche Mode, mir schmeckt keine Suppe weniger als die Prügelsuppe, und meinem Herzen hat's doch all mein Tage große Überwindung gekostet, solche anzurichten. Antipholus von Ephesus und Antipholus von Syrakus, zwei Zwillingsbrüder, zwei Dormio, auch Zwilling und den beiden Antipholus Bediente, machen das ganze Stück aus. Die sollen einander so ähnlich gesehen haben, daß man sie gar nicht voneinander kannte. Ich bin zwar wohl mit dir zufrieden, großer Dichter, du hast alles harmonisch und zierlich durcheinander gewebt: aber das glaub ich dir in Ewigkeit nicht, daß man auf Gottes Erdboden zwei Menschen finde, die in keinem Stück voneinander zu unterscheiden wären, – so wenig als unter hundert Millionen Steinen am Bach man zwei findet, die einander vollkommen gleich sind, die in Form, Farb und Gewicht u.s.f. nichts Eignes haben. Das glaub ich mein Lebtag nicht, daß man auf allen vier Weltteilen ein Weibsbild fände, die ich für die meinige halten sollte, und wann man sie bis an die Ohren in meiner Frauen Kleider stecken würde. Nein, ich glaube nicht, daß ich nötig hätte, sie auf die Wagschale zu setzen wenn ich nur das Gesicht sehen könnte, die Augen, die Nase, den Ton in der Aussprache, die Züge ums Maul etc. Nein, ich dürfte mein Leben wetten, wo ich sie nicht kennte, anderst ich hätte meine Sinnen verloren. Nein, Adriana, ich glaube, du seiest taub und blödsinnig gewesen, daß du darauf bestanden, ein anderer sei dein Mann. Und ihr Herren Antipholus, ihr wäret grad auch schlechte

Beobachter von eueren Bedienten, daß nicht irgend ein Zug, ein Haar, ein Blick, ein Ton, oder wenigstens ein Knopf, ein Fleck an der Mondur eueren Irrtum verraten hat. Ja fremde Leute, daß die oft ein Mensch für das andere ansehen, das laß ich gelten, aber Leute, die Jahr und Tag mit einander auf- und niedergehen, nicht. Ein Doktor Zwick, Schulmeister und Schwarzkünstler, ist schön gezeichnet, ordentlich, wie's dergleichen Leute machen. Aegaeons Charakter ist der beste.

Dreyschlatt, das Wohnhaus Ulrich Bräkers 1741 – 1754

Fünfter Band
Drei Lustspiele

1. Viel Lärmens um nichts. 2. Ende gut, alles gut. 3. Macbeth, ein Trauerspiel.

Viel Lärmens um nichts

Freilich um nichts – und doch ging's ums Freien, ums Heiraten. – Wenn das nichts ist! – Claudio, ein florentinischer Edelmann, ist in eine Hero, Leonatos, des Statthalters von Messina, Tochter, verliebt. Don Pedro, Prinz von Aragonien, wirbt um sie für Claudio und erhält sie für ihn. Don Juan, ein unehlicher, melancholischer Bruder Pedros und ein boshafter Borachio machen Schelmenstreiche in diese Verlobung, die freilich großen Lärm, aber doch, glücklich entdeckt, ein lustiges Ende nehmen, daß die Leute lachen. Ein junger Edelmann aus Padua, Benedikt, ein lustiger Pursch, der s'Heiraten verschwört, und Beatrice, gleichfalls ein lustiges Jüngferchen, die auch nur übers Heiraten spottet und die Mannsbilder auslacht, sonderlich den Benedikt gar nicht leiden kann, das sind zwei recht artige Geschöpfe, und doch wäre mir gar nicht bang, viel gleichartige zu finden. Diese Beatrice gefällt mir besser als Hero. Die allerpossierlichsten sind die zwei Gerichtsdiener Holzapfel und Schnewein: wie die albernen Kerls daherschwätzen! Meiner Treu, ich kannte Richter und Beamte, die eben so dumm daher räsonnierten und doch angesehne Leute sein wollten und waren. Und das ist gewiß auch wohlgetroffen: oft werden Schelmstreiche durch die einfältigsten Buben entdeckt. Der Prinz und Claudio dünken mich zudem, daß sie so angesehene gesetzte und weise Männer sein wollen, ein bißchen bubenmäßig, sonst ist es ein recht angenehmes und lustiges Spiel.

Ende gut, alles gut

Das wird niemand in Abred sein, einmal ich nicht. Aber dergleichen zeitliche Sachen so zu lenken, daß sie ein solches Ende nehmen, da braucht's ein guter Fuhrmann. Helena, o Helena, du bist der Ball des Schicksals, um deinetwillen muß alles sein, was es ist, um deinetwillen muß der junge Graf Bertram so schön, so reizend geschaffen werden, dir zulieb mußte dein Vatter sterben und dir ein geheimnisreiches Rezept hinterlassen und der Gräfin Roussillon Herz sich an dich fesseln. Um deinetwillen mußte ein König von Frankreich krank werden, um dein Rezept zu bewähren, dir zulieb mußte eine alte Witwe in Florenz und ihr Haus parat stehen und ihre Tochter Diana deinem widerspenstigen Bertram so reizend in die Augen schimmern, daß du deine Künste brauchen, deine Weiberlist probieren und ein albernes Mannsgeschöpf übertölpeln und einen Mann fangen könnest. Aber unsere Weiber würden dich wacker ausschelten, dich ein närrisches Ding heißen und sagen, ein Mannsbild, das sie verachte, sei nicht solcher Mühe wert. Aber du wirst wissen, wie stark und erfinderisch die Liebe ist. Genug, um deinetwillen mußte sich der florentinische Krieg in Frieden verwandeln, dein gefangener Vogel nach Frankreich fliegen, daß du dein Kind und Ring an Mann bringen könnest. Dir zu Gefallen mußte ein nichtswürdiger Parolles zu Schanden gemacht werden, daß er dir aus dem Wege komme und deinen Vogel nicht mehr verlocke. Aber der Hallunk mußte eine harte Tortur ausstehen. Es muß etwas heißen für einen Schurken, in solcher Todesangst stehen, mit verbundenen Augen alleweil das Todesurteil anhören. Doch für Parolles war's noch eine gelinde Strafe so viel die andern von ihm sagen, war er ein Erzverführer. Aber ich dachte, du, schöne Helena, du hättest gerade zugehen dürfen, nachdem du den Vogel im Schlag hattest; und nicht soweit ausschweifen – aber nein, du mußtest deinen Bertram in die Enge treiben, mürbe machen, daß er zuletzt deiner froh werde. Nein, wenn ich Helena wär, ich möchte Bertram um alle Welt nicht haben, lieber den Rüpel, und doch ist er in diesem Spiel nur ein gemeiner Rüpel, ein Alltagskerl. Es gibt doch in alle Welt so kuriose Weibsbilder von so wunderlichem Geschmack und dazu so standhaft in ihrer Liebe, daß sie Einen vom Galgen herabschneiden würden. Gewiß, der Dichter hat das größte Recht, man mag auch darwider sagen, was man will, ein Frauenzimmer liebt heftiger und standhafter als die verliebteste Mannsperson, und das hat er an manchen Orten sehr schön dargestellt. Dies ganze Stück habe ich mit Vergnügen gelesen. Es dunkt mich belustigend und doch viele Wahrheiten gesagt, aber hervorstechende Charakter hab ich nicht viel bemerkt. Parolles und Rüpel hat's allerwegen. Die Gräfinnen von Rousillon und Lafeu dünken mir die schönsten.

Macbeth, ein Trauerspiel

Jawohl, ein Trauerspiel, ein greuliches, daß einem alle Haare gen Berg stehen. Macbeth, du Mördergrube, du Schandfleck des menschlichen Geschlechts, eingefleischtes Ehepaar vom Teufel und seiner Großmutter, du Ausdünstung aus der Hölle! Ist es eine wahre Geschichte? Wie konntest du, großer William, das all ohne Schauder hersetzen, all das gräßliche Zeug, was die Hölle nur Ungeheures hat, auf dem Erdboden zusammenbringen, und die Muttererde so scheußlich beflecken und ihre Söhne schänden! Sollte man nicht diese ungeheuren Schandflecken aus den Chroniken und Jahrbüchern auskratzen? Doch nein, es kann der Welt zur Warnung dienen, den Menschen Entsetzen und Abscheu einjagen vor dem Laster. Hätte vielleicht Macbeth ein solches Trauerspiel gelesen, wär er zurückgebebt vor solchen Greueltaten. Aber jener Mann Gottes sagt, wer fromm ist, sei immerhin fromm, und wer böse ist, sei immerhin böse. Ich förchte schier, der Erdboden trage heutzutag noch solche Menschen, die, wenn sie Macbeths Reizungen und seine Gewalt in Händen hätten, eben auch Macbeths Taten begingen, sie möchten dieses Stück gelesen haben oder nicht. Aber es ist doch entsetzlich, einen so sanften, huldreichen König, wie er angegeben wird, auf eine solche Art zu ermorden. Und das tut keiner, dem er übel begegnet, der ihm deswegen feind ist, nein, einer, der sein bester Freund dem Schein nach ist, Macbeth, sein General, den der edle Dunkan bis an den Himmel erhebt. Schier stund ich in Gefahr, die weise Vorsicht zu beschuldigen, daß sie eine so gute Seele in die Hand eines solchen Verräters übergeben. Aber Gott bewahre! seine Absichten sind weise. Ich ging in die älteste Geschichte zurück und fand von Anfang an solche Zulassungen.

Welche Überwindung kostete es dem edlen Macbeth, bis der Teufel sein Herz und seine Hand hatte; wie bebte er vor dem Dolch zurück! Hingegen welcher Mut und schwarz Entschlossenheit in seiner Lady. Ei, wenn die listige Schlange erst die Eva hat, weh dir dann Adam!

Die Ermordung Banquos ist mir nicht so nahe gegangen. Dieser mag auch mit Unglück schwanger gangen sein, und Spitzbubenfreundschaft endigt sich leicht so. Aber wer kann ohne Schaudern Macduffs Schloß überrumpeln sehen, den edlen Jungen, seine Mutter, die schöne Lady Macduff und alles niedermetzeln sehen ohne Entsetzen. Und die Söhne des Königs, Malcolm und Donalbain, so schuldlos entfliehn, in der Irre herumwandeln und einen Vatermord auf sich haben: das heißt auch was. Aber die sind glücklich, das Traurige fällt auf die Verbrecher. Du elender Macbeth, wie lang magst du schon in der langen Nacht vor dem Dolche gezittert und vor Banquos Geist geflohen und vor Birnams Wald gebebet haben, und du unglückliche Lady Macbeth, wie lang wirst du schon eine ängstliche Nachtwandlerin sein, deine Finger wüschen und immer wüschen und doch nicht abwüschen, du magst deine Flecke verfluchen, wie du willst. O du elendes Weib, um ein elendes Titelchen sich solche Angst auf den Hals laden. Teufel, du bist ein Schelm! Mußte der Mörder Macbeth am Ende noch den jungen Siward in der Schlacht ermorden. O, ich hätte in dieser Schlacht greulich um mich gehauen, auf der Seite Malcolms. Zwei edle Männer, Malcolm und Macduff – an ihrer Seite hätte ich gefochten wie ein Löw. Aber das Greulichste hab ich auf die Letz erspart. Da will ich dich noch zu Rede setzen, William, warum bringst du da in drei Hexen die halbe Hölle auf die Welt, das Scheußlichste, das ich in meinem Leben gehört habe? Ist's dein Ernst, warst du nach der damaligen Moden auch so ein Hexenmacher? Nein, ich kann's nicht glauben, so ein Geist wie der deinige hat sich weit über diese Sphären erhoben, so ein Mann, der die große und kleine Welt uß- und inwendig kennt, bindet sich nicht an die allgemeinen Moden. Aber du wolltest den schrecklichen Aberglauben in einer ungeheuren Gestalt zeigen, der Nachwelt hinterlassen, welch gräßliche Phantaseien die damaligen Köpfe beherrschten. Aber darfst du da die grausigsten Sachen, die die Erde samt ihren Abgründen hat, auf die Bühne bringen? Es werden ja auch saubere Damen Zuschauer sein, darfst du dann vor ihrem edlen Aug die unsaubern Hexen all das garstige Zeug kochen lassen: Schlangen, Kröten, Froschzehn, Fledermaushaar, Hundszähne, Eidechspfoten, Drachenschuppen, Hexenmumien, Judenleber, Türkennasen etc. Pfui, fort mit den Hexen und ihrem schmutzigen Geköch. Wegen der Geistererscheinungen will ich ein ander Mal mit dir reden. Dein Genie ist in diesem Stück sehr groß, aber die Hexen sind nicht dein Geschöpf.

Sechster Band
Drei historische Schauspiele

1. Leben und Tod des Königs Johann. 2. Leben und Tod Richards II. 3. Erster Teil Heinrichs IV.

Leben und Tod des Königs Johann

Ein charmantes Stück Arbeit, ich möchte es alleweil lesen und immer wieder lesen, und wenn auch nichts darin vorkäme als die Reden Faulconbridges und Arthurs. Nein, überhaupt hab ich noch keines gelesen, wo mir alle Szenen besser gefallen. Faulconbridge ist der schönste Mann im ganzen Spiel. Keiner als dieser und Arthur, dem ich durchaus gut war. König Johann und Leonore waren ehrsüchtige, gewalttätige Herodes. Pembroke, Essex und Salisbury wären gute Lords, wenn sie nicht durchliefen. Philipp, der König von Frankreich, und all sein Anhang war ein Erzlumpenpack. Der päpstliche Gesandte Pandulpho, ein erzdummer, giftiger Pfaffe, dem hast du die Worte viel zu gut in den Mund gelegt. William, gewiß konnte der Kerl nicht so sprechen. Constantia, die ist rasend schön. Blanka steht so auf dem Kreuzweg, zuletzt weiß man nicht, wo sie hingekommen ist. Herzbrechend ist der Auftritt, wo Hubert und Arthur auftreten. Gewiß, lieber William, wärst du selber Arthur gewesen und Hubert wäre mit dem glühenden Eisen auf deine Augen losgeschnurrt: in dieser Höllenangst hättst gewiß nicht rührender, nicht wehmütiger, nicht herzbrechender, und doch gesetzter und natürlicher sprechen können. Aber wärst du Hubert gewesen, o du hättest gewiß diesen holden Knaben nicht so lange um seine Augen wimmern lassen, nein gewiß nicht. Der harte Hubert, ich hätt ihn bald prügeln können, wann er dem liebenswürdigen Knaben nicht nachgegeben. Auch hätt ich ihn kaum können von der Mauer herunterspringen lassen. Was die Kriege, all die Metzeleien betrifft, bin ich kein Liebhaber. Aber du bist ein Mann, William, wenn du da die Feldherrn redend gegeneinandern aufführst. Ich glaube nicht, dass Goliath und alle enakischen Hohnsprecher ihre schwülstigen, kriegerischen, hoch daherdonnernden Worte so haben formen können. Aber du wärst auch Manns genug, zu zeigen, wie es solchen Prahlern geht, wenn's auch das Schicksal nicht tat. Zuletzt kommt da noch ein französischer, ehrlicher Edelmann, Melun, tödlich verwundet, aufs Theater, der die abtrünnigen englischen Lords warnt, sich vor seinen Landsleuten, den Franzosen in acht zu nehmen. Gott, es ist doch von jeher so bunt durcheinander gegangen in der Welt. Mußten doch die Menschen von Anfang an so blutgierig sein.

Leben und Tod Richards des Zweiten

Allererst tritt eine schimpfende Partei auf, Bolingbroke und Mowbray, die einander des Hochverrats anklagen, daß eim alle Finger schwitzen. Es ist entsetzlich, wann die Menschen, die armen Erdenwürmer, ihres elenden Wort's wegen, Leib und Seele aufs Spiel setzen, Himmel und Erden zu Zeugen herbeirufen und oft den lieben Gott beschwören, daß er ihr Zeuge sein soll. O es ist ein brutales Ding um die Menschen. Oft um nichts, nur weil sie ein einziges Wort nicht widerrufen wollen, kost's Leib und Leben. Hier war ein König nicht vermögend, diese ergrimmten Lords zu besänftigen, bis er sie verbannte. Mowbray mag in der Verbannung gestorben sein, aber Bolingbroke wurden seine Güter eingezogen. Diese und andere Ungerechtigkeiten erregten große Gährungen in Engeland. Bolingbroke fand bald einen gewaltigen Anhang. Richard ginge wider die Walliser ins Feld. Unterdessen bemächtigte sich Bolingbroke des Königreichs. Dem König wurde alleweil Botschaft gebracht, wo ihn je eine stärker angriff als die andere. Richards Reden und Verhalten, von dem ersten Gerücht bis zu seiner Arretierung und seinem Tod, dünken mich sehr schön, machten mir viel Gedanken. Freilich ist der Fall groß von einem Thron herab ins Kot. Ein nichts bedeutender Weltbürger kann nicht so hoch abfallen, und je tiefer einer fallt, desto weher wird's tun. Doch ist schon mancher nur aus dem Kot in Dreck gefallen und hat jämmerlich genug geheult. O Richard, es muß schmerzen, so tief fallen; aber mancher arme Tropf hat in seinen Ideen mehr als du hattest, und fallt in seinem Leben nicht nur einmal, sondern manchtausendmal von seiner Herrlichkeit ins tiefste Elend. Und du hattest noch das Vergnügen, tausend Beispiele ähnlicher Fälle gefallener Fürsten zu lesen. O mancher sich in Elend krümmende Wurm gäbe, was er hätte, wann er so viel Vorgänger abgemalt vor sich sehen könnte. Eben, das ist sein größtes Leiden, wann er glaubt, der Einzige zu sein von Anfang her, dem es so begegnet, daß er so unbemerkt, unbedauert in seinem Elend allein zabbeln müsse. O Richard, du konntest sehr schön über deinen Fall moralisieren, – das kann ein armer Tropf nicht – aber du konntest doch das Wehtun nicht hindern, du mochtest dir auch den Pomp und Pracht samt dem menschlichen Leben so eitel und hinfällig vorpredigen als du wolltest. Stolzner Bolingbroke! wie himmelweit mögen deine und Richards Gedanken voneinandern sein – aber dein Heraufsteigen ist gefährlicher als Richards Herabsteigen. Erbärmlich ist der Abscheid zwischen dem König und der Königin. Auch eine erbärmliche Szene, wo York seinen Sohn Aumerle selber als Verräter entdeckt und verklagt und die Mutter da auf ihren Knien Gnade schreit. Da müssen auch unruhige Köpfe Engelands Söhne sein.

Erster Teil König Heinrichs des Vierten

Hier sitzt Bolingbroke auf dem Thron. Ich bin ihm nicht mehr gut wie in seiner Verbannung, ich möchte lieber wieder Richard als diesen. Großer Menschenmacher, mußt du deine Menschen immer umbilden, oder tun sie es? O, der Stand bildet alle um! Wie genau folgest du der Natur. Und wenn's auch Bolingbroke nicht getan hätte, das ist der Menschen Art; Veränderung des Standes zeigt der Welt, was sie sind. Wie manches Glückskind predigt aller Welt Ruhe und Zufriedenheit; aber laß es nur ein Unglück überrumpeln, so wird sich der Hiob zeigen, wie er in der Asche heult. Wie mancher Bettler klagt über den Stolz und Hochmut der Großen: laßt ihn groß werden, er wird der Ärgste sein unter Allen.

William, hier waren deine Tage recht heiter, hier hast du Charakter gezeichnet, die dir schwerlich einer nachmachen wird. Recht sonderlich bin ich in eine Hotspur verliebt, wie ich es in einen Falconbridge war. So sehr ich sonst blutdürstige Leute hasse, muß ich doch diese lieben, wegen ihren beliebten Launen; und so einem Helde verzieh ich's gerne, der nur Unterdrückungen nicht leiden kann. Hotspur ist ein Mann, dem ich Gesellschafter sein möchte, und wenn's auch in die andere Welt ginge. Und seine Lady, sein Käthchen, ha, die ist so nett gezeichnet, daß man schwören sollte, man sähe das Original vor sich, man hätte sie in ihrem Leben gekannt. O Hotspur, ich verfolgte dich überall mit meinen Glückwünschen, und doch halfen sie nichts. Nun könnt ich nichts, als dir auf dem Schlachtfeld eine Träne weinen und denken, ha, das ist allemal das Ende rechtschaffner Helden, wo feige Memmen trocken hinterm Ofen sitzen. O Glück, deine Lieblinge sind dumme Gecken, falsche Spitzbuben, feige Memmen, Häßligesichter, Überbeiner,

Högger und Kröpfe, die weder Sonne noch Mond kennen, denen Disteln und Rosen einerlei ist.

Hotspur, Douglas, Mortimer, Worcester, Glendower, o ihr davidischen Helden, man muß euch gut sein. Obschon ihr Rebellen sind, seid ihr doch wahre Helden; ihr allein wißt, wie schwer es ist, den Hals unter ein sklavisches Joch zu biegen, ihr allein, denen keine Sklavenseele gegeben ist. Und o ihr Fürsten, wie unsicher ist euer Thron, da ein einziger Stein, mit Blut bespritzt, zum Grunde liegt. Ihr solltet euere Throne besteigen wie David, der wollte nicht Blut zum Grunde haben, war ein Vatter echter Helden – o diese lassen sich nicht ins Bockhorn treiben, solang die Welt steht und es Helden gibt.

Nun kommt eine andere Klasse von lustigen Burschen aufs Tabet. Ich danke dir, William, hier hast du das Ernsthafte und Lustige auf eine angenehme Art zu vermischen gesucht. Prinz von Wallis, Königssohn, diesen rechne ich aber nicht zu der lustigen Bande, schon er eine Zeit lang aus Politik mitlief; aber Falstaff, Poins, Gadshill, Bardolph, Peto, die Wirtin Quickly: das sind lustige Brüder, in deren Gesellschaft man nie müde wird. Ich dachte oft, es sei eine Schande, daß ich so verliebt in diese Spitzbuben-Rott – je nun, ich kann mir nicht helfen, wenn ein Dichter so den lustigen Weltzank zu spielen weiß der kälteste Bietist müßte ihn lieben. Falstaff ist ein Mann, man kann ihn unmöglich hassen; so sehr er auch ein Schurke ist, hat er alleweil soviel Vernunft, Witz und List, daß er sich beliebt machen kann. Seine Laster erscheinen an ihm bei weitem nicht so häßlich als an einem andern. Seine Bildung, sein schneller Witz, der ihm so flugs aus aller Verlegenheit heraushilft, macht sein Lügen zu lauter angenehmen Schwänken. Der Himmel verzeihe dir, Falstaff, du bist ein Erzlumpenkerl, aber doch hast du weit mehr Menschen belustigt als beleidigt. Wann ich schon zehen von unsern lustigen Brüdern zusammenschmiedete, könnt' ich schwerlich so ein adelicher dicker Hans mit allen deinen Qualitäten, Formen und Figuren daraus machen. Gut, ich werd dich mehr antreffen, aber du wirst deinen Prinzen anderst finden.

Siebenter Band
Drei historische Schauspiele

1. Zweiter Teil Heinrichs des Vierten 2. Leben Heinrichs des Fünften 3. Erster Teil Heinrichs des Sechsten

Zweiter Teil Heinrichs des Vierten

Bolingbroke hat das Feld gewonnen – ich gönn ihm's nicht. Dem Prinz von Wallis wurde ein edler Charakter beigelegt, aber ich fürchte, es ist nur geschmeichelt, traue ihm nur halb. Den edlen Hotspur hab ich gesehen fallen, ihm eine Träne geweint und Glück auf den Weg gewünscht. Dem tapfern Blunt und allen denen, die in Königskleidern starben, wünsch ich Fried und Heil. Der Held Douglas allein hatte das Glück, davonzukommen. Worcester und Vernon hatten ein schmachvolles Schicksal, in die Hände eines ergrimmten Königs zu fallen. O ihr mordsüchtigen Fürsten! Auf, alter braver Northumberland, auf zur Rache, sie haben deinen Hotspur erschlagen. Aber du heiliger Vatter York, ich weiß nicht, wenn du mit deiner Religion drein kommst, so wird's hapern. Nein, die Religion ist nicht blutdürstig, besser du bliebest davon; aber das tust du nicht – ja meinetwegen. Ha, du hattest noch mehr zutrauliche Ehrlichkeit, als ich einem Pfaffen zugetraut hätte. Du hast Westmorelands und Lancasters Herz ebensoviel getraut – hättest du nur Mowbray Gehör gegeben. Nein, du wolltest die kleinen Welten besser kennen, aber es kostete dich dein Kopf – ja, was macht das, einmal mußt es doch sein – nein, ich weiß doch, daß du ihn lieber länger in dieser Welt getragen hättest, daß du nicht recht gewiß warest, ob du in jener Welt auch wieder diesen Rang oder er dich bekleiden werde – ah, fahre nur frisch, man wird schon wissen, wer du bist. Fort mit den blutigen Szenen, mit den ernsthaften kriegerischen Auftritten – Bolingbroke ist tod. Komme du noch ein Weilchen, wichtiger Falstaff, nun erscheinst du das letzte Mal auf der Bühne; o sie wird nur halb so gut bestellt sein, du munterer Geist. Wann ich Protheus wäre, wollt ich's doch probieren, ob ich mir nicht selber so ein possierlicher Ritter machen könnte. Ich kenne so ein halbdutzend Leute, von denen nahm ich von jedem die tauglichsten Eigenschaften: von einem Doktor N. die Windmühle, von einem Schneider N. die Blähungen, von einem Balthis N. den guten Magen, von einem Lumpenhändler die Figur, von einem Packträger die lustigen Schwanke, von einem Advokaten N. den Witz und die Tapferkeit samt der Geschicklichkeit zu borgen, das täte alles zusammen in einen Brenntopf hinein und ein bißchen eigenen Pfeffer dran und ließ es gären; würde mich doch wunder nehmen, wenn nicht auch etwas Falstaffisches herauskäme. Nein, William, ich gesteh's, ich glaube nicht, daß ich just so ein Geschöpf zur Welt brächte. Dir allein gebührt das Lob; vor dir und nach dir wird keiner so eine wohlgemästete Figur bilden, so ein dickes Gehäus, ausgestopft mit lauter Witz und Laster vermengt, – das alle Welt blenden – niemand den Spitzbuben hassen kann. Falstaff, dein königlicher Hal tut dir unrecht, daß er dich nun nicht mehr kennen will, aber es ist auf dein Bestes abgesehen, wenn seine Eigenschaften so gut sind, wie's ihm der Dichter andichtet. Freilich dünkt's mich auch kurios, daß Leute einander so geschwind nicht mehr kennen, wenn der eine sich nur in einen andern Kittel steckt. Fahre wohl, Falstaff, ich wünsche dir in der andern Welt keine so brutalen Könige.

Leben Heinrichs des Fünften

Diesem Stück hab ich keinen Willen: Meinetwegen möcht's alle Welt bis in den Himmel erheben. Und warum? O fordert doch nicht Rechenschaft, ich kann sie nicht geben, und was ich angebe, möchte grundlos sein. Meinetwegen, ich hab ihm keinen Willen – sonst kein Grund – und der kann mir niemand geben. Großer Dichter, ich habe dich bei meiner Widrigkeit schuldlos gemacht, sie fiel auf deine Personen, nicht auf dich. Ich habe mich überredt, du habest die Geschichte treu kopiert, und wann du irgendwo Parteilichkeit und Schmeichlerart gezeigt, so sagt ich doch, du warst es nicht, der Geschichtschreiber war's – und wann du's warst, so wär's doch ein anderer Schriftsteller auf deinem Posten hundert Mal mehr gewesen. Ich kann mir vorstellen, was es auf sich hätte, Monarchen ihren Vorfahren etwas von ihrem schlimmen Charakter public zu machen. Ich wollte, um alle Welt nicht in die Welt hinein schreiben, was die Voreltern oft gemeiner Privatleute für Leute waren, und wann ich's so gewiß wüßte als Tag und Nacht; aber zu ihrem Lobe könnt ich doch auch nicht schreiben. Genug, lieber William, verzieh mir's, einmal war ich wider deinen Heinrich eingenommen von Anfang her, so sehr er gehoben und so auffallend sein Charakter ist. Der Grund ist, ich mag ihn nicht, ich glaub ihm kein Wort, ich trau ihm kein Haar, weil er mir nur als ein Gemäld vorkommt, das kein Original hat. Erst in Gesellschaft der liederlichsten Buben die Tage vertrillern und nur so windige Gründe angeben; hernach plötzlich so majestätisch tun, ein Weltweiser, ein Moralist, ein so feiner gehorsamer Sohn und bei allem so ein Held. Es gibt so ehrsüchtige Buben in der Welt, die, wann sie nicht können zu oberst sitzen, sich gar zu der untersten Klasse hinsetzen, eh sie vor lauter Unwillen in der Mitte sitzen würden. So was hab ich von deinem Heinrich schon im vorigen Stück bemerkt, als er seinem Vater die Krone von dem Bett wegnahm, aber du legtest ihm gar eine feine Entschuldigung in den Mund, daß man den Fuchs nicht spürte. Lieber William, du scheinst mir gar verliebt in deinen Harry zu sein, aber bei seiner Freiwerberei, da weiß ich gar nicht, wie du's meinst. Meinst du nicht gar, dein Heinrich da in seinen verliebten Anwandlungen, bei seinem Käthchen – und der vorige beim Antritt seiner Regierung, auf den Schlachtfeldern, bei allen seinen Entschlüssen, Aufforderungen u.s.f. seien zwei ungleiche Heinriche. Gut, aber ich habe noch nichts von den anderen Personen gesagt: Erst kommen da ein paar Erzbischöfe auf die Bühne, welche die guten Eigenschaften des Königs auf eine übertriebene Art herausstreichen, hernach denselben zum Krieg mit Frankreich anfeuern; Canterbury und Ely hießen sie – sie mögen so policiert daherschwätzen, als sie wollen, man merkt doch, wes Geistes Kinder sie sind. Hernach entdeckt der König eine Bande Verschworner wider ihn; Cambridge, Scroop und Grey waren die Rädelsführer, denen es die Köpfe kostete. Nym, Bardolph, Pistol kommen auch wieder auf die Bühne und man wünschte, Falstaff käme auch mit. Aber William laßt nur eine Quickly und ihre Kameraden auftreten, die so von seinem Ende reden, daß es Heinrichs Verfahren rechtfertiget. Heinrich muß für ein und allemal ein verdienstvoller König sein; so muß er reden, so muß er handeln bis ans Ende – schade, daß er bei seinem Weiben so unköniglich tut. Ich wollte mich in die Seele schämen, wann's ich nicht verstünde, solche Käthen zu fangen. Aber, William, noch eins: waren die Franzosen wirklich solche prahlerische Großsprecher, oder mußtest du nur deiner Nation zu Gefallen sie so tun lassen? Ich will deiner Nation die Tapferkeit nicht absprechen, nur mag ich deinem Harry all diese großen Siege nicht gönnen. Aber das ist von Anfang an so gewesen: der prahlende Teil hat verspielt. Und dein Heinrich hat auch erstaunlich hoch herabgesprochen. Es kann sein, ich weiß die Geschichte nicht, die Schlacht bei Azincourt mochte ein Wunder sein, und wenn dein König dem Himmel allein die Ehre gegeben hat, so tu ich ihm unrecht und bitte ab. Meinetwegen, was geht's mich an; doch hab ich auch ein Willen so gut als einer, und Falstaff hätt ich's nicht so gemacht.

Erster Teil Heinrichs des Sechsten

Hier kommt erst ein schwarzes Trauergeheul aufs Theater, das den Himmel schilt, daß er in des Königs Tod gewilliget, dem König, dessen Lob mir erst so verdächtig schien. Nun muß ich's glauben, weil erst nach seinem Tode gesagt wird, seine Taten seien unaussprechlich. Das ist mehr als viel – getrost, großer Friedrich Preußens, wie wird's wohl nach deinem Tode heißen – vielleicht noch mehr. Hier war der junge Heinrich, Sohn des vorigen, noch unmündig: da mag das engelische Heldenblut schon mit dem französischen vermischt sein – in diesem Teil tut er noch keine großen Taten. Seine Vettern und die geistlichen Väter kommen einander in die Haare. Die Kerl haben doch immer der weltlichen Herrschaft Sprünge gemacht. Das gedemütigte Frankreich hebt sein Haupt wieder empor und macht engelischen Helden viel zu schaffen. Sonderlich wird man gar aufmerksam auf einen Held Talbot und folgt seinem Schicksal Fuß für Fuß. Ein Held Salisbury und Gargrave werden in Orleans auf einem Turm erschossen, die man herzlich bedauert. Talbot hält ihnen eine heldenmäßige Rede, mußte aber zuletzt selbst als Held sterben, über den man weinen muß. Es gibt mehr blutige als lustige Auftritte. Auf der französischen Seite hat's wieder viel Prahlhansen; vor allen aus aber macht ein Bauernmädchen Johanna d'Arc, eine Schäferstochter, viel Aufsehens. Sie erscheint oft in Kriegsrüstung und erhält den Sieg. Von den Franzosen wird sie als eine Göttin verehrt und von den Engelischen für eine Hexe gehalten. Zuletzt wird sie doch gefangen und ich glaube gar unschuldig verbrannt. Sie mag, als eine Amazonin von Genie, sich den damaligen Aberglauben zu Nutz gemacht haben.

In London entstund unter den Lords ein närrisches Gezänk wegen der roten und weißen Rosen, als Zeichen der Häuser York und Lankaster, das in der Folge elende Zweitracht stiftete. Mortimer aus einer langen Gefangenschaft – da sitzt der Knoten meines Unwillens gegen die Heinrichen. O, wie viel Anteil nahm mein Herz an dem Schicksal des alten Greisen. In diesem Spiel wird der junge Heinrich gekrönt. Da kommt auch ein Falstaff aufs Tabet, aber das ist kein Falstaff, ein Ritter, ein verzagtes Hasenherz. Heinrichs Vettern gaben ihm eines Grafen Tochter, der Knab laßt mit sich machen, was man will. Aber ein Suffolk machte in Frankreich eine Gefangene, Margaretha, König von Neapels Tochter, und wirbt um sie für den König – ja, der kann's anders als der vorige Heinrich – und dieser Knabe nimmt Margaretha und gibt der andern Abschied.

Achter Band
Drei historische Schauspiele

1. Zweiter Teil Heinrichs des Sechsten. 2. Dritter Teil Heinrichs des Sechsten. 3. Leben und Tod König Richards des Dritten.

Zweiter Teil Heinrichs des Sechsten

Nun bewillkommt der junge Heinrich seine Braut, seine schöne Margretha. Ach du armer Sklave, das hab ich wohl gedacht, daß das französische Blut das englische Heldenblut dämpfen werde. Welch ein abscheulich rares Stück hast du da gemacht, großer William! Rasch und hitzig hab ich's gelesen, und wieder gelesen und dreimal gelesen, immer in Wut gesetzt – ungeduldig, bis die Rache befriedigt. Hier bringst du aber die ganze Höllenbrut auf die Bühne, entdeckst den ganzen teuflischen Wust des menschlichen Herzens. Hier hast du mehr als eine Schlange in Weibergestalten, mehr als einen Teufel in Kardinals- und Lordskitteln. Konntest du's ohne Tränen schreiben, ohne Zittern dein Vaterland, dein königlicher Hof zur Mördergrube machen? Nein, ich spüre, wie dein Herz bewegt war, wie feurig du einen König, einen Warwik über Glosters Tod reden ließest, wie geschwind du die Rache des Himmels über die verdammten Mörder Suffolk und den schwarzen Kardinal kommen ließest. O Heinrich, du unköniglicher König, welch eine Brut hat dir Suffolk in der saubern gefangenen Margretha hergebracht, welch' eine Pest für deinen Thron! Möchte man nicht die Vettel ins Feur schleudern wie Paulus seine Schlange. Dann ein Hume, ein Bolingbroke und das Hexengezücht allszusammen obendrauf, und den phantasierenden Pfaffen auf seinem Krankbette, – tut's eim nicht in der Seele wohl, denselben in den letzten Zügen zu sehen? Aber den edlen Gloucester, den redlichen Vetter des Königs, seiner Leonore Ehrgeiz so bestrafen sehen, das kann man so hingehen lassen. Aber ihm, so unschuldig, einen schwarzen Schwarm, der ihm den Tod geschworen, ihm so Fuß für Fuß folgen und ihn gefangen nehmen sehen, und dem teuflischen Pfaffen, seinem ärgsten Feind übergeben – o das bricht einem schier das Herz, daß man nach dem Schwert greift wie Petrus und auf diese höllische Rotte einhauen möchte. Der Abschied Suffolks von seiner Königin: Ha, da sieht man den saubern Kuppler und das treue Gretchen. Ihre herzbrechenden Worte zeigen einem das Pack deutlich genug, ohne daß das Mitleid rege wird. Man möchte dann die Seeräuber sein und diesen Bösewicht selber bei Kopf nehmen. Simpcox da und seine Frau als Betrüger, die da ein Wunder vorgeben, die achtet man gar nicht, so sehr glimmt Mitleid und Rache im Busen. Hans Cade mit seinem Korps Rebellen, das ist ein treffendes Stück. Wer je in seinem Leben empörte Bauern gehört prahlen, der muß dir zurufen: O William, wie gut kanntest du sie; doch muß man den heldenmäßigen Rebellen dort in dem Garten noch bedauern. Hätte der ehrsüchtige York dies Kalb nicht gesäugt, so wär er nicht so ein brüllender Stier worden. Es sind von je welther große Aufwiegler unterm Tüchle gesteckt, wann solche Wühlereien entstanden.

O Heinrich, du Sklavenseele, es steht mißlich um deinen Thron. Vorher mocht ich's deinen Vorfahren nicht gönnen, aber nun sah ich's gerne, wenn's dem tyrannischen Hause York nicht in die Hände fiel. Aber des edlen Gloucester Tod muß gerächt sein, und deine feige Seele, dein stolzes Gretchen verdient keinen Thron. Unter allen Heinrichen hast du mir kaum ein besseres Stück gemacht.

Dritter Teil König Heinrichs des Sechsten

Nun muß ich mir's gefallen lassen, den mir verhaßten York siegen zu sehen. Ich kann's mir kaum vorstellen, wie die Grafen und Herzoge, Norfolk, Montague, Warwik, Salisbury, Pembroke, Hastings, Stafford und andere Edelleute, haben so blind sein können, und ein so ehrdürstiger Zweig einem blutdürstigen Verräter haben anhängen mögen. Er müßte dann sich ihnen nicht gezeigt haben wie auf der Bühne. Kaum hab ich ein Schauspiel gelesen, das mehr rührende Auftritte hat, ich wußt oft nicht, welcher mich am meisten rührte. Bald sah ich einen lieben Helden fallen, bald den Tyrannen triumphieren und das Recht unterdrücken, und bald darauf den Unterdrückten selbst wieder zum Tyrannen werden. O William, willst du deine Briten alle zu Mördern machen! Nein, ich habe dir unrecht getan, du schilderest die Menschen wie sie da sind, und wann es Könige sind. Ich dachte, du habest Heinrich V. mit Gold überzogen, aber weil du diesen so natürlich in seiner Schwäche zeigest, so muß ich dir jenen als einen edlen Helden gelten lassen. O was sind Thronen! Lieber ein Seifensieder, ein Schuhflicker, als ein König mit einer solchen Seele. O du armer Tropf, welch eine rührende Szene, wo du York, deinen Feind, auf dem Thron sehen mußt, und von ihm das Königreich auf lebenlang bittest und darüber alle deine

Freunde verlierst. Wie weh tat's, den alten, redlichen Clifford durchs Schwert fallen zu sehen, und wieder weh, den jungen Clifford morden zu sehen. O du bist härter als ein Marmor, Clifford, daß du dich des Knaben Rutland nicht erbarmt; wie konntest du so grusam sein, die schöne Seele von ihrem zarten Körper zu trennen, da er doch so innig um sein junges Leben bat. O du bist härter, als alles das Härteste. Aber was übertrifft die Szene, wo York gefangen in den Händen Cliffords und der Königin. Zwar hat er etwas verdient. Aber welche Spottreden mußte er schlucken und mit dem Schnupftuch – rot von seines Sohnes Blut – die Tränen abwischen. O du Gret, Weib über alle Weiber, welcher Prophet hat seine Jesabell so gezeichnet, welcher hatte das Herz, eine Weiberzunge in dem Maul einer Königin so sprechen zu lassen. Edler Gloucester, du bist gerächt, wenn dich auch nichts gerächt hätte, als die Zunge dieses Weibs. Du häßliches Ungeheur, du babylonische Hure, unstät und flüchtig sollst du sein, wie Kain, ein Unhold mag dich gezeuget haben, und deine Mutter hat Menschenblut gelust, da du ihr unterm Herzen lagest, und dich hernach an einer Wölfin gesäuget. Mordet immer, ihr britischen Helden, und bringt ein Ungeheur nach dem andern auf den Thron: ich will meine Brust hart machen, vor keinem mehr zu schmelzen. Der edle Gloucester, Rutland und dieser Heinrich haben mein Herz gestählt, daß es für euch andern nichts mehr fühlt. Es mag dir Warwick, Somerset und dir Margarete noch so bunt gehen, sie mögen deinen Sohn an deiner Seite ermorden, dich schmälen und spotten – meinetwegen. Eduard hasse ich, mich wunderte sehr, daß ihm das Schicksal zweimal auf den Thron half – dem wollüstigen Weibernarren. Von diesem mag's mit Recht heißen, was vormals ein Malcolm im Macbeth mit Unrecht von sich sagte. Der sinnliche Narr schickte eine Gesandtschaft nach Frankreich, laßt um die Prinzessin Bona anhalten, während der Zeit fängt er eine Witwe Gray auf und macht sie zur Königin; zwar mochte sie besser sein als Margaretha. Gute Nacht, Eduard, dein bucklichter Bruder wacht für dich.

Leben und Tod König Richards des Dritten

Noch das grausamste und verhaßteste Stück, man wird es, ob Gott will, auf keiner Bühne spielen und das Ungeheur Richard vor gutartigen Menschen aufführen. Dank dir, Übersetzer, daß du es nicht in Prosa wie die andern geschrieben, nicht in der mir sonst so lieben, rührenden Schreibart, sonst hätten mich einige Szenen so sehr angegriffen, daß meiner Gesundheit nachteilig gewesen wäre.

Du Bluthund Richard! Kein Wunder, daß sie dich immer Krummbuckel genannt haben. Ich glaube, deine Seele war eben so krumm und bucklicht als dein Körper, wann du nicht schon im Mutterleibe für den Teufel angezeichnet warest; oder zeigst du nicht selbst in allen deinen Reden solche Gesinnungen, die sonst dem Teufel zugeschrieben werden. O du Unglückskind, überall graute dir vor keiner Tat, was du nur mit Manier tun konntest. Aber du mußtest doch noch die für dich viel zu gute Welt scheuchen, ob du schon das mörderische Handwerk von deinem Meister perfekt gelernt. Du konntest mit kaltem Blute deine Brüder, Brüderskinder, Weib, Vettern und deine besten Freunde morden. Und welch' ein Meister im Heucheln! Da zwischen zwei Priestern in der Andacht dich vom Volk zum König bitten lassen und so demütig tun, so heilig abbitten, wo du dir den Weg zum Thron schon durch die greulichsten Morde gebahnt hast. O William, ich glaubte nicht, daß ein Mensch auf Erden sei, der ein solches Ungeheur mit solchen Zügen malen könnte, daß man einen Nero, einen Domitian so reden lassen, solche Gesinnungen selbst an den Tag geben lassen könnte, und doch müssen sie auch so gedacht haben. Richard mag ein trefflliches Muster von allen Bösewichtern sein. König Eduard war doch noch zehn Teile mehr Mensch als dieser angebrannte Richard. Welch ein rührender Auftritt, wo da Clarence, Richards Bruder in der Gefangenschaft und sein Bewahrer Brackenbury auftreten und Clarence seine schreckenden Träume erzählt, und da die zwei Mörder kommen und so miteinander und mit ihrem Gewissen moralisieren: o anders, treffender konnt's nicht sein, dergleichen Kerl müssen so denken. O welchen Herzstoß, den edlen Clarence so vor dem Tode zittern und endlich durchbohren sehn und hernach seine Gemahlin und seine Kinder über seinen Tod sprechen und heulen hören. O da muß das Herz wie Wachs schmelzen, und da ging's immer an's Morden. Wie bedauert man den guten Hastings, der dem Teufel Richard erst Erdbeeren aus seinem Garten holen ließ und dafür schnell seinen Kopf hergeben mußte. Ratcliff, Rivers, Gray, Vaughan wurden auch geschlachtet. Buckingham war des Teufels vornehmstes Werkzeug, daß dieser Tyrann König wurde;

aber er bekam seinen Lohn gut. Ihm war die Grafschaft Hereford versprochen, aber mußte zuletzt seinen Kopf als Verräter hergeben. Wieder so eine erbärmliche Szene, wo der Mörder Tyrrel die zwei jungen, zarten Prinzen im Tower auf des Königs Befehl ermordet. O man möchte diese Bande von Lotterbuben samt ihrem Haupt auf der Stelle in tausend Stücke zerhauen und das Gehäck wilden Sauen vorwerfen. Genug von diesem eingefleischten Teufel Richard, es brauchte ein Mann, so eine Pestie zu schildern. Noch dies: im Schlachtfeld, des Nachts, erschienen die Geister all der Ermordeten Richard und seiner Gegenpart, dem edlen Richmond, diesem sangen sie Glück und Sieg, jenem Rache, Tod und Untergang: gewiß so natürlich, daß diese Träume nicht ausbleiben konnten. Zuletzt wird man fast böse, daß Richard noch so gut von der Welt kommt. Margaretha und andere Weiber, Anna, Gray u.s.f. kommen auch wieder aufs Theater, fluchen und schmälen nach der meisten Weiber Art.

Neunter Band
Ein historisches und zwei Trauerspiele

1. Leben Heinrichs des Achten (historisch). 2. Kajus Marcius Koriolanus und 3. Julius Cäsar (Zwei Trauerspiele).

Leben Heinrichs des Achten

So froh ich bin, daß die historischen Schauspiele zu Ende sind, wünsch ich doch mehrere zu lesen und diese wieder zu lesen. Froh bin ich, weil sie so viel traurige Wahrheiten enthalten, und weiß, daß es Wahrheiten sind. In den grausamen Szenen der Trauerspiele kann ich denken, ha, der Dichter hat's nur so grausam geschmiedet, aber hier nicht. Alle gelehrten Männer, die die Geschichten inne haben, sagen mir, daß Shakespeare der Geschichte treu geschrieben; drum greifen einem die schrecklichen Ungerechtigkeiten so an's Herz. Und dann, wie erstaunt man über die göttlich Providenz des Himmels, daß sie diesen Ungerechtigkeiten die Wiedervergeltung auf dem Fuße folgen läßt. Die Geschichte rechtfertiget meinen göttlichen Dichter, daß er in allen seinen eigenen Erfindungen so geschwind mit Rache da ist. Es ist natürlich: wie die Zeiten aufeinander folgen, so folgen Strafen auf die Laster, das könnte jeder Lasterbube bei sich selbst finden, wann er nicht beständig berauscht wäre. In diesem wohlausgearbeiteten Stück kommen hauptsächlich vier Personen aufs Theater, die meine ganze Aufmerksamkeit auf sich zogen: der König Heinrich, seine Gemahlin Katharina, Herzog von Buckingham und der Kardinal Wolsey. Der König dünkt mich nach der Zeichnung ein Mann, der auch eine gute und eine schlimme Seite hat wie die meisten Menschen. Aber in seine Katharina bin ich mehr verliebt als in seine nachherige Anna Bullen. Buckinghams Charakter gefällt mir wohl, schon er ein ziemlich wilder aber doch leichtgläubiger Edelmann scheint. Mit Unwillen hört ich Wolseys Neid denselben anklagen, mit Wehmut folgt ich demselben in den Tower, vor Gericht und, wie ich glaube, fast unschuldigen Hinrichtung. Aber der vertrackte, ehrsüchtige, neidische Wolsey, der zog meinen ganzen Zorn auf sich. Einen verschmitzteren Pfaffen hab ich kaum angetroffen, der war an Buckinghams Hinrichtung und an Katharinens Verstoßung am meisten schuld. Es tat mir in der Seele wohl, denselben fallen zu sehn und ihm alle seine Schuld unter die Fressen sagen zu hören: Kardinalsünde, scharlachene Sünde, und was die ihn hassenden Lords nur auf ihn wußten. Ich hätte mein Teil auch redlich beigetragen, wann ich dort gewest wäre. William, du gabst diesem Kerl ein viel zu gutes Ende und einen so standhaften Mut – ich kann's kaum glauben, daß sein Gestirn so gütig gewesen sei wie du; – wenn so ein Pfaffe kein Fegfeur verdient, so verdient keiner eins. Aber der Königin bin ich in die Verbannung gefolgt, habe die guten Geister herbeigerufen, dann sie hatte das Fegfeur schon durchpassiert, und in jener Welt kann sie schon lange Königin sein, daß die schöne Anne Bullen weit unter ihr steht. Es kommen auch noch bittere Religiösen aufs Tabet, die man haßt, ein Dr. Butts, Gardiner, Kämmerer u. s. f., welche einen redlichen Cranmer fälschlich anklagen, dem aber der König beisteht. Lustiges gibt's nichts – als erst wird von einer unbeschreiblichen Pracht bei der Zusammenkunft der englischen und französischen Gesandten gesprochen, und zuletzt kommen da Türsteher und Knechte bei der Taufhandlung Elisabeths, die da auf eine trollichte Art Prügel austeilen, und endlich macht der Dichter diesem Kinde eine schmeichlerisch prophetische Lobrede.

Kajus Marcius Koriolanus

Koriolanus, ein edler Römer, hatte sich im Krieg in vielen Schlachten sehr hervorgetan und als ein tapferer Held den Römern große Dienste getan. Deswegen wollte der Senat ihn zum Konsul machen; er hatte aber Neider unter den Tribunen, sonderlich Brutus und Sicinius, die das gemeine Volk wider ihn aufwiegelten; und weil der stolze Held sich nicht herabzwingen konnte, dem Pöbel zu schmeicheln, so zog er dessen Haß und Wut auf sich, daß sie ihn zum Tod verdammten, durch Fürbitt aber dahin gemildert, daß er nur aus Rom verbannt wurde. Der ergrimmte Held ging gerade zum Feind, dem Volscier, über und machte mit ihrem Feldherr Aufidius gemeine Sache, wider die Römer zu fechten, und siegten auch eins um's ander bis sie nahe bei Rom waren. Die Römer wollten zur Buße kriechen, schickten eine Gesandtschaft nach der andern in der Volscier Lager, aber Koriolanus war in seinem racheübenden Heldensinn felsenfest, bis ihn seine Mutter Volumnia durch eine herzbrechende Rede überwand, daß er zurückzog. In Aufidius Brust war schon Eifersucht aufgestiegen, und dieser Rückzug machte dem Helden wieder Feinde, daß sie ihn in einem Tumolt ermordeten. Kürzer hätt ich den Hauptinhalt nicht fassen können.

Wie dies Spiel eingericht, die Art und Weis, die mannigfaltigen Abwechslungen der Szenen, o, da wäre ich nicht im Stand, es zu schreiben. Die Geschichte gefällt mir nicht, diese mörderischen Auftritte sind freilich traurig genug, und doch sind unter den historischen Schauspielen mir viele trauriger vorgekommen. In diesem kriegerischen Rom, meinte ich, waren dergleichen Sachen, Sachen die gewohnt so kommen mußten. Aber die Sprache der Personen, die aufgeführt werden, die tut mir in der Seele wohl. Großer Dichter, herrlicher Mann, göttlicher William, hier scheint mir dein Genie ausgeruht, ganz in einer neuen Schönheit, in vollem Mittagglanz; hier bist du gar nicht Brite, ganz ein Römer, ein Held damaliger Zeiten. Ich glaubte, wann du da in Rom oder unter den Volsciern gelebt hättest, du hättest jene Sprache nicht besser geredt, jene kriegerischen Charakter nicht besser getroffen. Welch einen Heldenstolz, mit Menschheit vermengt, hatte dein Koriolanus und dein Aufidius, der ihm fast gleich kommt, schon du jenen ein bißchen besser machtest. Und welch ein lauiger Charakter des Menenius; meiner Treu, dieser ist mir der liebste unter allen. Wenn's je in einem Weltalter solche Köpfe gegeben, so waren's dort, und ich wünschte, wir hätten hützutag die halbe Welt voll solcher Köpfe. O hättest du doch diese flüssige Zunge in der Folge nicht so vertrocknen lassen, hättest du Brutus und Sicinius mehr das Maul halten lassen. Diese Hundskerl – doch nein, du hast recht, es hat von je weltsher solche neidische Hunde gegeben unter den Menschen, und diese wollen freilich ihr Maul nienen halten, in allen Gesellschaften, in allen Winkeln, überall beißen und bellen sie; diese müssen ihre reizbarsten Nerven in der Leber haben wie der Verbuhlte in den Hosen – ja ich kann nicht helfen, helf der Doktor, oder jene müssen an dem Gallenfieber sterben und dieser an der Polleng, wie der Held in der Schlacht und der Schiffer im Wasser. Nein, William, wenn du noch lebtest, dein Menenius müßte mir noch zehn Akte durchraisonieren; aber du verstundest es besser als ich, dann würden einige davon laufen und das ewige Einerlei im Stich lassen. Nein, ich höre alle gern sprechen, selbst die neidischen Hunde haben schönes Gebell. Und da bringst du so ein paar Römerinnen aufs Tabet, Volumnia und Virgilia, Koriolans Mutter und Frau, ein paar liebenswürdige Dinger, die Mutter schwatzt da so stolz in einer Heldensprache daher, stolz, daß sie einen Helden gesäuget, einen vaterländischen Krieger erzogen. Hützutage geht's anderst – die

Weiber sind stolz darauf, wenn sie ein galantes Muttersöhnchen abgesäugt, oder einen gelehrten, schwatzhaften Witznarren, einen verschmitzten Kaufherrn und so was. Doch ich denke, es sei alles eitel, so ein Held ist auch ein rauhes Ding. In jener Welt gilt nach meinen Ideen weder Held noch Gelehrt, weder Kaufmann noch Galant; wann einer nur mit einem guten Herzen in seinem Fach ein bischen nützt, das Weilchen, solang er da ist, muß einer eben kein Menschenschlächter, kein Allwisser, kein Schätzmacher, kein Engelchen sein.

Julius Cäsar

Unter den Trauerspielen das liebste ohne zwei, aber es soll nicht Julius Cäsar, sondern Brutus, Brutus – Markus Brutus heißen. Cäsar kommt ja nur ein paarmal zum Vorschein, hingegen Brutus ist das ganze Stück aus und aus die Hauptperson, die unsere ganze Aufmerksamkeit auf sich zieht. Ich glaube nicht den Inhalt dieses Stücks herzusetzen, ich weiß es auswendig wie das Vaterunser – aber etwas von Empfindungen, von Gedanken, deren ich oft voll war. Oft dacht ich, warum müssen wir doch hier die Mörder lieben und den Ermordeten nicht halb so viel bedauern als einen andren Unglücklichen. Nein, ich bedaure dich, edler Cäsar, und denke, jene patriotischen Geschichtschreiber haben dich vernachlässiget, ihr Patriotismus seie mit des Brutus seinem in genauem Verhältnis gestanden. O, Brutus, wann du so eine seltener Mann warst, wie du hier auftrittst, wie konnten die Götter zugeben, daß du in blindem Eifer in solche gefährliche Klippen verstiegest. Konnte dein edler, weitsichtiger Geist kein ander Mittel finden, Rom ohne König zu erhalten, als Cäsars Blut und Leben – war's denn im Rat der Wächter beschlossen? Brutus, der edle Brutus, stolz auf seine gute Sache, auf seine redlichen Gesinnungen, stolz, daß er ein Mann war, der sich nichts vorzuwerfen hatte, diesen Brutus soll seine eigne Gerechtigkeit fällen, auf die er trotzet. O Brutus, wärst du mehr Zweifler gewesen, mehr argwöhnisch gegen deine Biedermannsbrust, hättest tief in den Rat der Götter eingeschaut, aber nun war's vor deinen Augen verborgen. Es muß wahr bleiben, der Mann, der sich auf sein eigen Herz verlaßt, der ist ein Narr. Die Klugheit der Welt muß zur Narrheit werden; du mußtest selber wie ein blinder Pfaffe Märtyrer machen und zuletzt selbst einer werden. Hätte doch dein edler Geist die Pflanzungen genossen, die unsere junge, gelehrte Welt genießt. Doch was half's einen Werther, daß der Gelehrteste unserer Zeiten sein Vatter war? Wer kann in die Labyrinthe des menschlichen Herzens, noch weniger in die Geheimnisse des Himmels einschauen? Ich will nicht grübeln. Vielleicht hat Cain auch gesagt, es sei nicht gut, daß Abel die unbewohnte Erde mit seinen frohen Gesichtern bevölkere und Caiphas mag auch patriotische Gesinnungen gehabt haben, als er seinen Juden sagte, es wäre gut, daß ein Mensch für das Volk stürbe. Ja, meinetwegen, mein Teil sei nicht mit diesen Blutschuldnern. Nein, Brutus, so wie du gezeichnet bist, warst du nicht neidisch, nicht blutdürstig, und doch ist der Mensch von Natur ein fleischfressendes Tier. Aber du warst edel gesinnt. Eine Seele in die Hölle schicken für tausend Seelen zeitliche Freiheit dünkt dir ein Geringes. Du hattest nur Augen, wie 's patriotische Helden haben, meinst, wer hier ein redlicher Mann sei, dem könn's nicht fehlen – aber holla, die Vaterlandsliebe heischt nicht Bürgerblut. Getrost, ihr Toggenburger, wenn Brutus, der edle Brutus durfte den besten größten Römer des allgemeinen Wohls wegen morden, so durften ihr Väter auch Rüdlinger und Keller als Verräter todschlagen, wann ihr gewiß wußtet, daß sie solche waren; und ich glaube, eure Gewißheit sei so stark gewesen, als des Brutus seine, daß Cäsar sie zu Sklaven machen werde. Aber ihr habt es, als aufgewiegelte Rebellen, in dummer Wut getan, hingegen Brutus konnte lieben und morden zugleich, ohne den geringsten Neid, morden, den morden, den er liebte, der sein Freund war. O, das glaub ich in Ewigkeit nicht, daß man einen Freund morden könne, ohne andere Absichten, als weil man von ihm böse Folgen förchtet für das gemeine Wesen. Gewiß, Brutus, du hattest Absichten, und sollten sie von jenes Mordbrenners Art gewesen sein, der den Tempel zu Ephesus in Brand steckte. Ich liebe dich, Brutus, aber gewiß, du hattest noch andere Absichten, deine Maler mögen dich auch zeichnen, wie sie wollen und sich noch so viel Mühe geben, die geheimsten Falten deiner Brust zu verstecken. Um Gottes Willen, wie konntest du deinen Freund, der dich zärtlich liebte, auf so eine verräterische Art auf die Schlachtbank liefern und selbst einen Dolch in die Brust stoßen, du, der du deiner Portia so zärtlich begegnet, der du kaum so hartherzig sein konntest, deine Bedienten vom Schlaf aufzuwecken, – du konntest so unfreundlich auf die Brust deines Freundes zufahren, daß er nicht einst über dich herrsche? Nein, dieser Brutus hätte dies nicht können übers Herz bringen, er hätte gesagt: Nein, lieber Cassius, nein, wir wollen warten, bis wir dringende Ursachen dazu haben – es ist noch immer früh genug, sobald Cäsar nicht mehr der edle Cäsar ist; und dann werden die Götter vielleicht andere Mittel finden, daß wir unsere Hände nicht mit unsers besten Bürgers Blut beflecken. Aber du hast's getan, Brutus, darum warst du nicht dieser Brutus, nicht der, der sich nicht vorstellen konnte, warum ein Mann einen Eid schwören und wie er sein gegebenes Ehrenwort nicht halten sollte. Aber Cassius hat dich verführt, und doch dünkt er mich fast so gut als du; freilich hat er ein Funken von seinem Neid in den Zunder deiner Brust gelegt, aber dieser Zunder ist ohne Namen.

O, William, hier führst du lauter seltene Menschen auf, lauter verschiedene Charakter, von denen man keinen sonderlich hassen, vielmehr noch lieben muß. Was ist ein Casca, ein Trebonius, selbst Lucilius, Dardanius! Brutus' Bediente sind liebenswürdig; und welche zärtliche Gattinnen sind Kalpurnia und Portia! Und Antonius ist man so gut wie seinem Bruder, wenn man nicht einen verdächtigen Blick in seinen Busen tut. Welch eine zierliche politische Rede hielt dieser Antonius auf seinem Rednerstuhl bei Cäsars Leiche. Aber Brutus, der seltene Brutus, läßt ihm kaum Zeit, einen andern zu bemerken. O, Brutus, wie konntest du doch so mißtrauisch und argwöhnisch gegen Cäsar sein und von diesem gefährlichen Antonio so leichtgläubig und gutdenkend. – Du bist der wunderbarste Mensch von der Welt, der zärtlichste Gatte, der beste Herr, der herzlichste Freund, der redlichste Bürger und doch ein verräterischer Meuchelmörder. Höre, William, dies Stück hat mir mehr Denkens gemacht, als ich sagen könnte, oft hat's mich, vielleicht ohne deinen Willen, tief ins Heiligtum Gottes hineingeführt. Mit Herzenslust hab ichs gelesen und wieder gelesen. Soll mir einer kommen, der so einen Cäsar, Brutus, Cassius und einen Antonius mache. Aber meine Anerkennung soll nichts gelten, sie ist bei übler Laune geschrieben.

Zehnter Band
Drei Trauerspiele

I. Antonius und Kleopatra. 2. Timon von Athen. 3. Titus Andronicus.

Antonius und Kleopatra

Hier kommst du mir wieder wacker in den Wurf, armer Antonius. Man hat mir schon im vorigen Stück einen Wink von deiner Gemütsart gegeben, aber hier erscheinst du mir ganz gegliedert mit allen deinen guten und bösen Teilen. Ich habe Mitleiden mit dir, armer Glücksball; dich haben deine Leidenschaften umhergewirbelt wie eine Windsbraut die Wellen des Meers. Du warst ein trefflicher Held, aber Helden sollten sich nicht in den Armen der Wollust einwiegen lassen. Simson war auch ein Held, aber hättest du gewußt, wie seine Delila mit ihm gehauset, du wärest weit von deiner Kleopatra weggeblieben. – Nein, das wärst du nicht, diese Reize sind zu stark für Leute, die so gesinnt sind wie du, und wenn sie Zwanzigen sähen die Augen ausstechen und böte sich eine Kleopatra oder eine Delila an, oder sähe man eine nackete Bethsabe, sie sprängen zu, wie der Stier unter seine Schlächter. Doch deine Kleopatra war keine Verräterin, sondern eine getreue allerliebste Buhlerin. Hier zu siegen braucht's andere Helden, Josephs, nicht Antonius. O, in deinen nüchtern Stunden warst du klug genug, das all zu übersehen und verlangtest von einem Boten zu hören, was das Gerücht von dir sage. O, sagtest du weislich, wir bringen lauter Unkraut hervor, wenn uns keine Winde des Tadels umwehen; uns unser Böses sagen, ist eben so gut als uns umpflügen. Und weiter, welche Wahrheiten, was er sagte, als ihm der Bote sagte, seine Fulvia sei tod. In ihr verließ eine große Seele die Welt. Das hab ich gewollt – was wir mit Verachtung von uns stoßen, das wünschen wir oft wieder in unsern Besitz zurück. Das gegenwärtige Vergnügen wird durch beständige Wiederkehr das Gegenteil von sich selbst. Nun ist sie gut, nun sie dahin ist, eben die Hand, die sie fortstieß, möchte sie izt wieder zurückziehen. Gewiß, ein nettes Meisterstück hast du hier gemacht, großer William; so unterhaltend, daß man nicht aufhören kann, bis Antonius in sein Schwert rennt und Kleopatra an dem Schlangenbiß einschlummert. Man muß dieses unglücklich verliebte Paar verfolgen, daß man nicht Zeit hat, auf die andern acht zu geben. Oktavius Cäsar, Lepidus, Sextus Pompejus sind schön gezeichnet, aber sie interessieren mich nicht sonderlich wie das schöne

Paar, deren Schicksal mir sehr am Herzen lag. Sie hatten auch das Glück, lauter getreue Bediente um sich zu haben, Enobarbus, ein lustiger Vogel, Eros, ein redlicher Freund, Alexas ein Schöps, Charian und Iras bei Kleopatra, auch lustige und getreue Kreaturen, ohne einen Schatzmeister Seleucus, der zum Verräter wurde. Ein Weilchen erscheint Oktavia, Cäsars Schwester, in einer reizenden Gestalt. Aber sie ist nur ein Schatten gegen Kleopatra. O, die Meisterhand Williams hat hier ein Paar geformet, geschmückt und charakterisiert, daß man ihnen in jener Welt die Fortsetzung ihres Glücks von Herzen wünscht. Keinen Brutus für einen Antonius, Brutus ist mir zu finster und steif; keine Königin für Kleopatra, sie ist die schönste unter allen salomonischen Frauen, die schönste, die je der kunstreichste Maler zeichnen kann.

Timon von Athen

Großes Genie, göttlicher Dichter, du übertriffst alle deinesgleichen; alle Dichter, alle Schriftsteller, Autoren und Menschenkenner; alle gelehrten Schwätzer müssen verstummen vor dir; die Physiognomiker erblinden mit ihren läppischen Schlüssen; kein Härchen entgeht deinem durchdringenden Blick; nie wird man müde, deine Gemälde zu beschauen und bei jedem sagt man, das ist das schönste. Unter Tausenden wollt ich deine Züge kennen, und, wann ich blind wäre, deine Geschöpfe unter Tausenden am Ton kennen. Tausend Menschenmacher machen solche, die unter der Sonne nirgends da sind: mißgeschaffene Kreaturen, die keine Originale haben, zerstümmlete, gebletzte Geschöpfe von zusammengerafften Stoffen. Du ahmst die Natur nach, und wer trifft sie wie du! Wo ist der Anatomist, der so zergliedert und weiß, in welchem Winkel die Krankheit steckt, und jedes Fieber am rechten Ort findet und ihm den rechten Namen gibt. Unsterblicher William, du hast mir mehr gesagt, als alle Bücher der Welt mir sagen konnten, du hast mich in Gesellschaft deiner Geschöpfe geführt, wo ich mehr hörte als in allen Gesellschaften der halben Welt. Deine Personen haben die zierlichste Sprache, alle Ausdrücke von dir gelernt und doch reden sie der Natur gemäß und und verfehlen ihres Stands und ihrer Lage nicht. Du hast mich böse, zornig, ergrimmt, oft fast rasend gemacht, du hast meine Brust aufgerissen, in Mitleid schmelzen gemacht, hast mich traurig, betrübt und melancholisch gemacht und alles wieder geheilt. Du hast mich ergötzt, lustig und fröhlich gemacht, daß mir tausend Stunden wie der angenehmste Traum verschwanden. Du bist mein Arzt. Wann Sorgen und Unmut meinen Geist umhüllten, traf ich in deiner Gesellschaft Leute an, die mir so treffend ans Herz redten und allen Gram wegpredigten, Leute, die den geheimsten Schmerz von der Brust wegscherzten und mich gesund und mutig machten. Hastig tat ich meine Arbeit, dann flog ich wie ein Pfeil auf die Bühne, um auf die ruhvollste Art die lehrreichsten Szenen zu sehen. Halbe Nächte verschwanden wie Minuten, und kein Schlaf kam in meine Augen. Jakobs Dienst um Rahel konnte nicht so geschwind und anmutig vorbeifließen als mir die Zeit bei deinen Spielen, wenn auch deren noch Tausende wären. Andere Schwätzer, die neu und gelehrt sein wollen, schläferten mich ein; das hast du nie getan, du immer munterer Geist, du laßt immer erwarten und betrügst nie; nie wird man müde, dich reden zu hören.

Hier bringst du unter so viel Wundergeschöpfen die allerhervorragendsten aufs Theater. Man muß erstaunen, so einen Schwarm Schmeichler und Schmarotzfreunde beisammen zu finden, erstaunen ob einem Timon auf der höchsten Stufe der menschenfreundlichen Wohltätigkeit, der sich als ein Gott mit lauter Geben beschäftigt. Dann muß man erstaunen, so natürlich ist es, wenn man diesen Gott fallen sieht, einen Gott, in einen Teufel verwandelt, hört die ganze Menschheit verfluchen. O Timon, du vergaßest, daß du ein Mensch warst, daß deine Schätze erschöpflich sind, du vergaßest, daß deine Vergötterer, deine Anbeter Menschen sind von einem sehr trügerischen Geschlecht, die das Heucheln allzugut gelernt haben. Hättest du dich und deine Schätze und alle deine Nebengeschöpfe besser kennen gelernt, so wärst du nie zum Gott, aber auch in keinen Teufel verwandelt worden. Hättest du doch gewußt, daß diese niedrigen freß- und habsüchtigen Geschöpfe es dem lieben Gott nicht besser machen, daß sie ihn anbeten, ihm vorheucheln, solang er Korn, Most und Öl gibt, ihn aber verächtlich von sich weisen, sobald ein dürftiger Gesandter in seinem Namen nur ein Kleines begehrt. O Timon, das Lobgetön falscher Freunde hat dich bezaubert, dein Ohr und alle deine Sinne verruckt, du hast dir eine ganz andere Welt, viel bessere Menschen vorgestellt, du hast die höchste Stufe bestiegen in deiner guten Meinung von den Menschen. Was Wunders dann, wann du in dieser Meinung so tief herunterpurzelst. So gut man von einem Menschen denkt, so schlimm denkt man hernach, wenn man sich betrogen findet und des Gegenteils überzeugt wird. So schwer es hält, einen Freund bei uns in Mißkredit zu setzen, ist's doch hernach ganz unmöglich, wieder gut von ihm zu denken, wenn man von seiner Falschheit überführt wird. O Timon, bedauernswerter Timon, kaum geht mir ein Schicksal so nahe wie deins und doch hattest gewiß Vorgänger genug und tausend Nachfolger, die lieber mit dir in deine Höhle gingen, als mit einem König, unter einem Schwarm Schmeichler, deren heuchlerisches Lobgetön alle Ohren verhext, einen Thron bestiegen. O Timon, hättest du deinem rauhen Freund Apemanthus und deinem redlichen Hausmeister Flavius zum Vorbauungsmittel deine Ohren geliehen! Aber nun ist deine Krankheit unheilbar, deine Raserei ist aufs höchste gestiegen; alle Elemente mit allen ihren verderblichen Seuchen über die Menschen zusammenzufluchen, ist Linderung für den Brand in deiner Brust. Nun ist deine Ruhstätte nicht sicher vor den tobenden Wellen; wie wird dein rasender Geist in den ungestümen Fluten herumtoben und mit den Seeungeheuern fechten, daß die Elemente zittern und beben; dann wird dich ein Wetter mit Sturm, Donner und Blitzen durch die Luft führen, und Labung wird's für dich sein, wann's dir vergönnt wird, Menschen zu zerschmettern. Aber die wirbelnden Stürme führen dich in die Flut zurück. Die Götter verziehen dir, edler Timon, du hast nicht ohne Ursach geflucht, die ganze Schöpfung hat kein falsches, tyrannischers Untier als den Menschen. Alle Elemente sind zwar bereit, mit tödlichen Waffen parat, die Menschen umzubringen, wilde Bestien, fleischfressende, reißende Tiere zerreißen die Menschen in Stücke, aber sie töden auf eine wohltätige Art; nur die Menschen martern nach Art der Teufel langsam zu Tode, ihr verfluchtes Genie erfindet unerhörte Marter, peinliche Instrumente, daß alle Elemente zu arm sind, Materie herzugeben, um nach ihren erfinderischen Köpfen greulich zu töden. Wenig Bestien töden ihresgleichen und fressen ihr eigenes Fleisch, der Mensch, der Mensch allein, dies tyrannische Tier wütet gegen seinesgleichen. Gegen kein Tier, gegen keine ungeheure, wilde Bestie ist er so grausam als gegen sein Geschlecht. Dann sind sie noch so grausam und dichten dem Höchsten ihre eignen Grausamkeiten an, die sie von dem höllischen Bluthund, vom Vater der Teufel gelernt haben. Ah, dem Besten, dem Gütigs-

ten, der diese wütenden Ungeheur noch so lange unter seiner huldreichen Sonne duldet, dem liebreichsten Vater diese tyrannische
Denkungsart beilegen, das sind Bruten vom Teufel. O ihr Dichter,
dichtet solche Stücke wie William, solche Stücke, von denen der
Erdboden wimmlet, wo's alle Tage nah und fern Stoff genug an die
Hand gibt, diesem Geschlecht seine Schande vorzustellen. Dichtet
euch nicht immer Menschen, die nirgend da sind, macht ihnen ihre
verdienstliche Tyrannei recht schwarz, in ihrer natürlichsten Gestalt, wie sie ist. William, dir sei tausend Dank für dies treffende
Stück.

Titus Andronikus

Ein schröckliches, ungeheures, grausames, teuflisches Stück. Wer
die Menschen nicht kennt, die alten und neuen Geschichten nicht
weiß, der wird sagen: du lügst, du lügst, William. Ich sage das
nicht, ich weiß, daß es von jeher Menschen gegeben hat, die dergleichen barbarische Taten zu verüben fähig waren. Aber das sag ich
dir, großer Dichter: wann du das Ding für die Bühne selbst gemacht
hast, ohne eine solche wahre Geschichte zu wissen – schämtest du
dich nicht in die Seele hinein, da du doch auch ein Mensch warst,
schämtest du dich nicht, solche Ungeheur auf die Bühne zu bringen,
welche die ganze Menschheit entehren? Dachtest du nicht daran, du
möchtest einen guten Teil von deinem Kredit verlieren und dich
verraten, als wenn du Lust hättest, solche Greuel zu schreiben, un-
menschliche Handlungen auf die Bühne zu bringen? Ich wüßte
nicht, was für eine Klaß Menschen dergleichen barbarische Spiele
mit Vergnügen ansehen könnte. Dachtest du nicht, du möchtest die
besten Zuschauer verjagen, wenn du da einen ganzen Tropp einge-
fleischte Teufel herbrächtest, die gleich anfangs die Bühne mit Blut
besprizten, gleich anfingen morden, und dann in einem fort morden, schänden und die abscheulichsten, teuflischen Taten verrichte-
ten. Nein, William, du hast sonst nie solche Schandtaten so frei,
ohne wehmütige Empfindungen geschrieben. Hier bringst du fast
keine guten Menschen aufs Theater, und wenn du sie noch so gut
reden lassest, handeln sie doch konträr. Ja, das ist der Welt Humor,
freilich. Aber du hast doch sonst die Leute ihren Reden gemäßer
handeln lassen. Ich weiß nicht – deine Personen in diesem Stück
haben nichts von mir erhalten, als daß ich auf die meisten von Her-

zen böse bin, daß ich sie als Teufel in den Abgrund verwünschte und rasend der Mutter Erde sagte, daß sie nie mehr solche Ungeheur hervorbringe zu ihrer Schande. Bassianus, des Kaiser Saturninus Bruder, und Lavinia, Andronikus Tochter, sind die einzigen, deren Schicksal mir zu Herzen ging. Andronikus schien mir aus seinen Reden ein ehrlicher, menschlicher Kriegsheld zu sein, aber seine blutdürstigen, unnatürlichen Handlungen machten ihn mir nicht liebenswert. Und seine Söhne, dächt ich, wären vom gleichen, und sein Bruder Markus ist auch nur so ein geschnitzter Großsprecher. Saturninus, der Kaiser, ist ein wollüstiger Bösewicht, sein Weib Tamora ist ein Ungeheur oder gar des Teufels Großmutter. Ihre Söhne Chiron und Demetrius, welche den Bassianus mordeten und Lavinia entführten, schändeten und jämmerlich verstümmelten, sind junge Teufel, ihrer Mutter ähnlich. Aron aber, ein Mohr, der Tamora Sklave oder Bedienter, Buhler – dieser übertrifft alle, in der Tat, der ist ein gräßliches Meisterstück. Ich dachte, wer den Teufel selbst von Person kannte, konnte ihn nicht anderst zeichnen. Die meisten Mord- und Schandtaten waren Erfindungen seines teuflischen Kopfs. Erst schlachten die Söhne Andronikus einen Gefangnen, Tamora Sohn, dann ersticht Andronikus sein eigner Sohn, hernach wird Bassiano ermordet, Lavinia mehr als gemordet, Markus und Quintus unschuldig geschlachtet und Andronikus um seine Hand betrogen. Aron ersticht die Wärterin und Hebamme, als sie ihm einen Mohr von der Kaiserin bringen, hernach schlachtet Andronikus der Kaiserin Söhne, ersticht sie und seine Tochter und der Kaiser ihn, der Lucius den Kaiser. Pfui, pfui, fort mit den schröcklichen Mördereien.

Elfter Band
Drei Trauerspiele

1. Troilus und Kressida 2. Cymbeline 3. König Lear

Troilus und Kressida

Nicht so gar traurig, nienen so traurig wie das vorige. Es fehlt ihm zwar nicht an Schönheit, überall sieht man des Dichters großen Geist, und doch ist es für unsereinen ein bißchen langweilig. Jedoch wollt's ich lieber lesen als auf der Bühne sehen. Das griechische Lager vor Troja voll griechischer Helden mit ihrer über- und unterirdischen Weisheit, so in einem Götterton, wäre nicht nach meinem Humor. Ich hörte sie viel plaudern, aber wenig handeln sah ich s'. Erst kommt Troilus, Kressida und ihr Vetter Pandarus auf die Bühne, hernach kommen einen ganzen Haufen schwätzhafte, prahlerische Griechen, die so hoch dahermoralisieren, philosophieren und einandern kritisieren, einen Agamemnon, Ulysses, Achill, Nestor, Ajax, Menelaus, Diomedes, Patroklus, Kalchas, Thersites. Dieser ist der lustigste, schon er ein boshafter, schmähsüchtiger Pflegel ist; ohne ihn und Pandarus wäre die Bühne gewiß trocken genug für die, welche dem Lustigen wegen dahin kommen. Pandarus ist ein ehrlicher Allerweltsplauderer, der Kuppeler zwischen Troilus und Kressida. Kressida scheint ein gutes l[ei?]chtes Mädchen, das witzig genug ist, spröde zu tun, aber auch leicht genug, sich bald zu ergeben. Troilus ein feuriger Prinz, zur Eifersucht geneigt. Trojaner sind sonst ein Priamus, Hektor, Paris, Deiphobus, Helenus, Aeneas, Antenor, denen bin ich allen günstiger als den Griechen, weiß nicht warum, mich dünkt, sie reden so allgemeiner, nicht so schwülstig wie die Griechen.

Die Hauptgeschichte soll eine Belagerung von Troja wegen einer geraubten Helena sein. Troilus und Kressida liebten einander im Geheim, Pandarus bringt sie zusammen und knüpft ein Ehband. In der Brautnacht kommt ihnen Bericht, daß Kressida den Griechen gegen einen Antenor soll ausgewechselt werden – ha, das ward ein herzbrechendes Scheiden. Kressida wurde einem Griechen Diomedes zur Verwahrung übergeben, der ward bald in sie verliebt, mag sie nachher auch ziemlich besiegt haben. Troilus konnte ins griechische Lager kommen und heimlich durch einen andern in Diomeds Zelt, wo er horchen konnte, wie vertraut Diomed und seine Kressida taten, das war freilich ein harter Kampf für Troilus. Er sahe, wie sie dem Diomed seine Halskrause, das Ehpfand gab, das schwur er morgen an seinem Helm zu tragen, damit es ihr voriger Liebhaber kennen würde, das war Pulver in Troilus Busen. Morgens ging's ins Feld. Einen Hektor fordert ein Grieche zum Zweikampf auf; seine Andromache und seine Schwester Kassandra wollen ihn absolut nicht gehen lassen, aber sein Heldenmut will nicht eher als mit seinem Tode befriedigt sein –. Ein Achill erlegte ihn. Troilus verlier ich gar im Schlachtfeld, daß ich nicht weiß wo er hingekommen, und von Kressida wird sich nur nicht mehr gedacht. Wenn man mir vollends ihr Schicksal gesagt hätte, so hätte ich Mitleid mit ihnen, aber so frag ich nicht viel nach Troilus und Kressida. Sie hatte einen lustigen Bedienten, Alexander. Sonst blähete sich dein Geist in diesem Stück, lieber Sir William.

Cymbeline

Ich kann nicht glauben, daß du deine Werke, großer William, so wie sie sind, alle einandernach gemacht; nein, dein Gemüt, dein Geist sagt mir's, daß du bisweilen dies, bisweilen jenes gemacht hast. Deine Personen sagen mir's, daß du bisweilen dein Pferd Genie auch gespornt, bisweilen ging's von selbst einen guten Trab, bisweilen galloppiert es daher so hitzig und feurig, daß man lieber hätte, es ginge sanfter, da man Zeit hätte, seine Form und seinen Gang zu beobachten. Hier hast du wieder ein Stück für mich, mir an die Seele gemacht, hier floß dein Geist wie eine sanfte Quelle, er fühlte all das Schöne, das Menschliche in der mittlem Sphäre. So schön, voll inniger Anmut, so beweglich, so rührend ist Cymbeline. Die herrlichsten Szenen – sei es Geschichte oder Roman oder was es will, genug, ich les es mit Vergnügen, kann's in die Seel hinein trinken, wie ein labender Trank. Troilus und Kressidas Liebe hab ich nur von weitem gesehen, aber Posthumus und Imogens ihre, o, die geht mir innig nah; jene schien mir nur geschnitzelt, aber diese so, o so lebhaft, so natürlich, so ehrlich fromm, daß ich schwören würde, ich hätte solche gefühlt und gesehen, schon du sie, o Dichter, an einen Hof verlegt hast. Dann der gute, gute, ehrliche Pisanio, so redlich und fromm – o, William, man merkt dir es an, daß du auch gar zu sehr in so eine redliche Seele verliebt warst, daß du, wie von einem Strom hingerissen, zuletzt gar einen Romanhelden aus ihm machest. Bei Cymbeline bist du schonend, aber doch sieht man den Weibernarren deutlich genug vor sich. Dann seine Königin, o, die hast du wacker gebrandmarkt. Nett ist die verschmitzte Hexe gezeichnet. Was brauchte es mehr, einen auf so eine falsche Kanaille recht böse zu machen, daß man sie mit einer Peitsche wacker abhabern möchte, was brauchte es mehr, als deine Charakterzüge; und da hast du gar nichts Übertriebens – gewiß es gibt noch tausend solcher Weiber, die, wann sie ihre Macht hätten, es gewiß nicht besser machten.

Da ließest du einen guten, verbannten Posthumus in Rom so in eine Gesellschaft kommen, wie die Gesellschaften überall sind, von guten und bösen Menschen. Da ist ein redlicher Philario, danebend aber ein Spitzbub Jachimo. Ha, diesen Jachimo muß man überall verfolgen, man kann kaum erwarten, bis die Rache kommt. Welch ein boshafter Bube war dieser Jachimo, welch teuflische Schwanke bot ihm sein Spitzbubengenie dar. Als er in ihrem Zimmer die unüberwindliche Imogen vor sich hatte, hätte er ihr nur einen Schlaftrunk beibringen können, so wäre das Kleinod vom Arm nehmen und das Mal unter ihrer Brust begucken ein bißchen natürlicher herauskommen. Welch rührende Szenen, wo dieser Kerl Posthumus von seiner Imogen Untreu überzeugt – wie er da in einer Wut über das schöne Geschlecht herfährt und auch seine Mutter verdächtig macht – das war so natürlich – das schien ihm so, wann er an seinen Umgang mit Imogen dachte, wie fromm sie gegen ihn tat, ihn zur Enthaltsamkeit hielte – und dieser verruchte gelbe Kerl, o, konnte er änderst denken. Aber noch rührender, wie Pisanio den Befehl zur Ermordung bekam, und Imogens Verhalten, als sie die Briefe las. Da möchte man den Engel ins Paradies führen und ihr einen zehnmal edlern Posthumus geben. Aber die Einsiedelei, wo Belarius, ein von zwanzig Jahren her verbannter Lord, mit seinen zwei gestohlnen Königssöhnen Guiderius und Arviragus sich aufhielt, das ist reizend schön, – aber verziehe, William, hier bist du aber ein Fürstenschmeichler. Ei, daß doch Fürsten extra Blut haben sollten, das sich hier in dieser kalten Wüste nicht verändert hätte. Cymbeline war mir auch der rechte, du hättest ihm eine ander Kappe aufsetzen müssen wie Heinrich dem Fünften. Warum sollte Kloten – doch nein, diesen hast du meisterhaft gezeichnet – solch einer Königin Söhnchen – ein so vornehmer, ochsenmäßiger Flegel hättst du nicht schöner malen können.

Aber soll das ein Trauerspiel heißen? Nein, lieber William, es ist kein sonderlich Trauerspiel, es hat mehr Freudiges als Trauriges; der Streich, den Jachimo zwischend Posthumus und Imogens Liebe spielt, ist freilich traurig, aber er endet ja desto freudiger – oder soll das klägliche Ende der Königin – freilich, daß sie eine Bösewichtin war, daß die Menschen so böse sind, das ist traurig – aber es ist ja befriedigend zu sehn, daß Bösewichter gestraft und der Gute nach den Leiden belohnt wird. Soll's so traurig sein, daß Guiderius Kloten den Kopf abhaut und ihn per Spaß die Themse herunter schickt, der Königin zu sagen, wie er gefochten habe – nicht gar so traurig; solche Köpfe nützen nicht viel auf ihren Rümpfen, wann sie hundert Jahr darauf stehen – nein, das war lustig. Oder soll die Schlacht so traurig sein – nein, dergleichen Schlachten sind recht possierlich; die diente zum Glück Posthumus', Imogens, Belarius und seinen königlichen Helden, sie befreiten ja das Extrablut Cymbelines. Was wird das für entzückte Freude sein, zwanzig Jahr verlorne Söhne zu finden, todgeglaubte Imogen zu sehen und diese einen wiedergebornen Posthumus zu herzen, ein verräterisches Weib begraben und einen reuenden Bösewicht Jachimo in den Händen haben und Gnade erteilen. Gewiß ein charmantes Lustspiel, du hast es zierlich gedrechselt, William, habe Dank dafür.

König Lear

König Lear soll vor uralten Zeiten, schon zu Zeiten Joas, König von England gewesen sein. Der Hauptinhalt dieses vortrefflichen Spiels ist kurz dieser: Lear hatte drei Töchtern: Gonerill, Regan und Kordelia. Gonerills und Regans Männer waren Herzog von Kornwall und Herzog von Albanien. Lear, vom Alter gedrückt, wollte seine Tage ruhig zubringen und sein Königreich seinen Töchtern verteilen. Er befragte sie um ihre Liebe gegen ihn. Die zwei ältesten logen ihm viel süße Schmeichelworte von ihrer Liebe und Hochachtung vor. Kordelia, die jüngste, aber sagte aufricht und ehrlich heraus, sie liebe ihn, so viel die Pflicht von ihr fordere. Dies zog ihr den Haß ihres Vaters zu, daß er sie enterbte. Aber Frankreich heiratete sie ihrer Tugend wegen. Die zwei Ältesten bekamen das Königreich und sollten wechselsweis jede einen Monat ihren Vater erhalten mit einem angedungenen Hofstaat. Sie vergaßen aber ihre Kindespflicht und begegneten ihrem Vater grausam, daß er zuletzt wahnwitzig im armen Leben herumlief wie ein Bettler. Ein Graf von Kent hatte sich der Kordelia angenommen; wurde aber deswegen verbannt, und gleichwohl nahm er sich des unglücklichen Königs an und berichtete seine getreue Kordelia von seinem Elend. Zletzt wurde ein Krieg draus, und alle, auch Kordelia, nahmen ein trauriges Ende, ussert dem Herzog von Albanien, der nicht so viel Anteil an diesen Bosheiten hatte. Auch hat der Dichter eine grausame Geschichte von einem Graf Gloster und seinen Söhnen Edgar und Edmund hineingeflochten. Der Bösewicht Edmund, ein Bastard, ward zum Verräter an seinem Bruder, seinem Vater und an allem Unheil schuld.

Dies ist mir eins von den allerschönsten Stücken – es setzt alle Lebensgeister in Bewegung – ich las und konnte nicht aufhören, ich war ganz Leidenschaft, bald in Zorn entbrannt, bald so voll Mitleid, daß ich weinen konnte, bald voll Hoffnung, bald unwillig und aufrührisch in meinem Busen – und wann ich wüßte, daß es eine Fabel wäre, könnt ich mich nicht erwehren, an jeder Szene Anteil zu nehmen. Ich war ganz in jenen Zeiten, in allen Gegenden, ich verfolgte die heuchlerischen Hexen Gonerill und Regan und zupfte den eigenliebigen, liechtgläubigen Lear aus allen Kräften gleich anfangs beim Ermel. Ich begleitete mit tausend Segenswünschen die gute Kordelia und den ehrlichen Kent. Ich folgte dem Teufel Edmund mit Flüchen auf dem Fuße nach und mochte seinem redlichen Vater und Bruder seinen Busen entdecken, über Berge und Hügel laut ihn als einen teuflischen Verräter ausrufen. Ich irrte mit dem edlen Edgar in der Irre umher und verlor ihn im Gebüsch. Ich fand den armseligen Lear und seinen Narren im Sturm und Wetter, und der gute Kent stieß zu uns – wir fanden dich, armer Edgar, in einem elenden Schopf – der arme Thoms friert. Wer konnte mich in der Stube so in gräßliches Sturm- und Donnerwetter verwickeln, wer kann so die Sprache eines Ungeheurs, eines Kobolden reden als du, großer William. O, ihr aufgeklärten Zeiten, wo ihr die Sprache verfeinert, alle Künste aufs höchste gebracht und so viel hochfliegende Geister zeugt, warum zeugt ihr keine Williams mehr, warum – warum nur so langweilige Schwätzer, die halbe Tage von einem gelben oder braunen Haar, von einer bogichten Nase schwätzen; die ganze Bogen füllen von dem Hauch eines Fürsten und in ganzen Bändern die Meinung eines andern von einem Holzapfel zergliedern. Schreibt lieber, wie man Flöh und Wanzen vertilge und den Schneevogel stumm mache.

Gloster, edler Gloster, dein Schicksal geht mir am nächsten unter allen; konntest du nicht wie Arthur um deine Augen wimmern? – O, dieser Kornwall ist ein Ungeheur, er ließ sich nicht wie Hubert erweichen –. Aber ich habe des redlichen Bedienten Hieb einen wackern Nachdruck gegeben, daß er sich verbluten mußte. Armer, guter Gloster, du hast's erfahren, was es ist, ein paar holde Augen zu verlieren, sich einen boshaften Teufel aufs Gesicht stampfen lassen, den man noch so gut bewirten wollte. Wie liebenswürdig bist du noch, blinder Mann. Erst da du dein Gesicht verloren hattest, siehst du, siehst du, daß du betrogen wurdest, daß dein Sohn Edgar edel und dein Edmund ein unnatürlicher Böswicht ist. Doch noch ein Glück für dich, daß du wieder deinem Edgar in die Hände fielst. Welch eine Szene, wo er dich auf eine Höhe führt und da die schauderhaften Abgründe, eine förchterliche Tiefe beschreibt, wo du so gerne hinabspringen möchtest. Armer, elender Mann; kein Wunder – bemeistert sich ja unser die Ungeduld, wenn wir nur Zahnweh haben. Aber auf diese Art in der Welt zu leben – dem denkt man nicht nach – eines Paar Augens auf diese Art beraubt sein, wo die Löcher noch schmerzen – so stockfinster in der Welt herum irren, welche mit solchen Tyrannen angefüllt, die eim stündlich was Ärgers drohn – dem mußt wohl eine solch gräßliche Tiefe ein sanftes Bette dünken. Wie wohl tut's eim zuletzt, den gottlosen Buben Edmund, die Ungeheuern Lears-Töchtern gerächt sehen. Aber was hat nun Gloster davon? Edgar, Kent und Albanien allein haben dies Vergnügen, es zu sehen. Warum mußte doch Lear und seine schöne Kordelia ein Opfer des Todes werden? O Kordelia, ich könnte deinen Mörder zwanzigmal erdrosseln, ohne eine mitleidige Miene zu machen – aber Lear hätte doch noch ein Weilchen leben können.

Zwölfter Band
Drei Trauerspiele

1. Romeo und Julie. 2. Hamlet. 3. Othello.

Romeo und Julie

Das ist vortrefflich, daß man drei, die allerschönsten, Stück auf die Letzt behalten, wiewohl ich Lear in diesen und Romeo und Julie in jenen Band verlegte. Romeo soll eine wahrhafte Geschichte sein, oder die Geschichte dieser zwei unglücklich Liebenden, will ich sagen, soll eine wahre Begebenheit sein, die sich zu Verona, zu Anfang des 14. Jahrhunderts soll zugetragen haben. Es ist freilich ein artiger Stoff zu einem Spiel, und durchaus scheint's auch nur ein Spiel. Das Unglück der Liebenden dünkt ein doch romanhaft, sei's wahr oder nicht. Montague und Kapulet, zwei angesehene Geschlechter in Verona, die von langen Zeiten her in Haß und Feindschaft lebten, zwei Häupter dieser Geschlechter gleichen Namens, hatten Kinder, die sich heftig ineinander verliebten. Romeo, Montagues Sohn, und Julie, Kapulets Tochter – diesen war es unmöglich einandern öffentlich zu heiraten, wegen der Feindschaft ihrer Eltern. Ein Pater Lorenzo kopulierte sie im Geheim – hernach sollte Julie einen Paris heiraten – dieser Pater erfand aber eine List, daß sie durch einen Trank am Hochzeitstag eine Leiche war, schickte einen Boten an Romeo, daß er seine Julie um bestimmte Zeit aus ihrer Gruft erwachend abholen und entführen sollte. Dieser Bote verfehlte Romeo. Weil er schon von ihrem Tode gehört und von der List nichts wußte, eilte er nach ihrem Grabe, findet sie, meint sie sei tod, wo die Stunde ihres Erwachens beinahe da war. Er duelliert noch mit Paris, der eben auch ihr Grab besuchte, trank Gift und sank tod in ihr Grab hin. Indeß erwachte Julie und sieht all dies erbärmliche Spektakel, findet einen Dolch und ersticht sich selbst. Pater Lorenzo, voll Bestürzung, entdeckte, was er von der Sach wußte. Indeß waren diese zwei Opfer Ursach zum Frieden dieser Häuser. Gewiß ist es ein vortreffliches Stück, ein charmantes Spiel, und doch dünkt's mir nur ein Spiel. Die zwei Verliebten kommen mir so stettig vor und melancholisch, so finster und eigensinnig, daß mir ihr Schicksal nicht sonderlich nahe geht. Julie hat Romeo kaum gesehen, so sagt sie schon, das Grab sei ihr Brautbette, wann dieser Mensch ein Verheirateter sei – eh sie ihn noch kannte. Ei, das ist zu hastig. Und Romeo liebte vorher so sterblich und nun ist er in Julie den ersten Augenblick verliebt und den ersten Augenblick sterblich verliebt, rasend verliebt. Er schwärmt daher wie ein Wahnwitziger, so unbedacht hitzig – ich hätte bald gesagt, wie ein Narr. Aber just zwei solche Geschöpfe braucht's zum Selbstmorden. Die Personen sind sonst, wie mich dunkt, trefflich charakterisiert, und doch reden die meisten so schwül und feurig daher, so hoch und schwärmerisch, wenn's gleich die kaltblütigsten Kerl sind. O Dichter, hier konntest du dein feuriges, ungestümes Genie gar nicht verleugnen, nur nicht ein Weilchen verbergen. Alle Personen treten daher und reden deinen Götterton. Nein, ich lüge, die Bedienten Kapulets, Gregorio und Sampson sind – was sind sie – wahrhaftig so feurig wie getreue Hund; und doch reden sie ihre ungekünstelte Sprache. Des Julchen Wärterin, die ist perfekt gezeichnet, mir ist, ich höre die Plaudertaschen all vor mir reden; wahrhaftig, ich war recht oft verliebt in solche Dudelsäcke, die so in einem Atem daherschwätzen, Kreuz- und Quersprünge machen und jede alte Narrheit zum Heiligtum machen. Merkutio gefällt mir am besten unter allen, das ist ein lustiges Gemüt, ein aufgeräumter Humor – wahrhaftig, Romeo hätte nicht so ein schwarzer Träumer sein sollen, wenn niemand gewesen wäre als seine Freunde Merkutio und Benvolio. So ein Freund wie Merkutio müßt den allerschwermütigsten Stockfisch von seiner Sucht heilen. Schade, daß der feurige Tybalt, der kollerische Prahlhans, diesen kurzweiligen Mann für diese Welt so pfeffern mußte – aber er bekam sein Teil Pfeffer auch von Romeo. Pater Lorenzo ist ein guter, feiner Mann; ich höre ihn recht gern so daher moralisieren von Morgen und Abend und anderen natürlichen Sachen. Aber Romeo, der stürmische Junge, hat mich böse gemacht, er will den guten Pater nie zu Worten kommen lassen, schreit immer über Hals und Kopf von Tod und Hölle, will von Anfang her alleweil mit Gewalt sterben. Als ihm der Pater seine Verbannung kund tut, wo er den Tod erwartete, schmält und lärmt er wie ein vernunftloser Narr, schreit immer tod, tod, tod, und Julie redt die nämliche Sprache. Nein ich bin diesem ungestümen, geduldlosen Paar gar nicht gut; für dergleichen Narren gehört ein solches Ende. Guter Pater, ich war müde geworden, einen so starrköpfigen Heuler zurechtzuweisen – ha, und dann war ich so ungeduldig als er. – Ich kann mir nicht helfen. – Ich liebe die Lerche oder die Nachtigall mehr als dies gramsüchtige Paar, über deren Gesang sie am Brautnachtmorgen einen Liebensstreit hatten. Kapulet, der seine Julie mit Gewalt an den Paris verheiraten will, hat mich auch böse gemacht:

er war ein kollerischer Grobian. Daß doch die Ungeduld nie harren, nie warten kann! Drum heißt sie Ungeduld und eben darum ist dieser Ausgang ihr Los.

Hamlet

Hamlet, du König unter allen Spielen, du Kern aller Werke, das je ein Dichter von der Art machen konnte, du Edelstein in der Krone, die dem Künstler mehr Ehre macht als dem, der sie trägt, du Ausbund unter den schönen, Zierde aller Bühnen, Diamant aller Büchersäle, Herz in den Herzen – ich wüßte nicht Worte mich auszudrücken, wie sehr du mein Liebling bist; ich werde nicht ruhen, bis du nebst deinen Bedienten, oder wenigstens einzeln, mein armseliges Bücherschrank zierst. Du nützst mir mehr als tausend Habermann und zehntausend Wetterglocken – mehr als alle Schmolcken und Zollikofer – machst mich wirksamer, tätiger als alle Bogatzkischen Sporren. Hamlet, du bist mir, was ich will – durch dich seh ich deinem Meister ins Innerste. Komm, großer William, hier will ich mit dir ins Allerheiligste eindringen – stoße mich nicht zurück, – besorge nichts, ich will nichts ausschwatzen, nur wie dein Hündchen hintennachschleichen. Du hast noch nichts deutsch herausgesagt, aber ich errate dich doch, vielleicht konntest du dich nicht deutlicher erklären. Recht, ich auch nicht, – schweige nur, ich will auch schweigen – die Geheimnisse vom Innern des Tempels wollen wir bei uns behalten. Halt, du gehst zu weit, Fantasei – wann ich nur das Einlenken verstünde. Ha, ich wollte den Hauptinhalt dieses schönen Trauerspiels hersetzen, in kurzen Zügen zusammenfassen – aber es wäre mir unmöglich – o, es war himmelschad, ich würde den ganzen Bau jämmerlich verhunzen. Nein, ich will lieber wie ein Hummel auf einer buntgeschmückten, blumenreichen Flur frei herumflattern, mich voll Entzücken auf jede Blume setzen und Labung saugen –. Vergönne mir's, großer Mann, keine Blume soll nicht das geringste von Farb und Geruch verHeren, ich will nur Düfte mitnehmen, deren jede genug hat, wenn auch gleich noch Millionen von Hummeln darauf sitzen und jede ihr Leibgeschmack heraussaugt. Da find ich all die herrlichste, innigste Anmut in diesem Leben – Leidenschaften – zärtliche, wehmütige Handlungen – überzuckerte Sünden, alles durcheinander gewebt und so zierlich gebaut wie ein fürstliches Schloß, wo's Gefängnisse, Roßställe und auch güldene Zimmer hat. – Der anmutigste Irrgarten, wo's die herrlichsten Rosen, die schönsten Blumen, aber stolzne Stinkrosen, übergüldete Sodomsäpfel auch hat. Hier irrt man wie begeistert, voll inniger Wonne herum, hat die anmutigsten, die herzlichsten Träume. Bald schmelzt man in liebender Wehmut zu Boden – ein heiliger Feureifer sprengt uns wieder auf, dann kommt ein sanftes elisäisches Säuseln mit feuchtenden Dünsten und schmelzt alles zusammen in ein neubelebendes Element, daß man keinen Ausgang wünschet. Die Handlungen sind so mannigfaltig und so abwechselnd und der Stoff so ausgesucht und getroffen, daß tausend Romeo sich verbergen davor. Hier geht alles so sachte, so ordentlich seinen Gang wie die ganze Natur. Vorher kann man's nicht erraten, und nachher sagt man, das hab ich wohl gedacht – oder ich hätt's doch erraten sollen. Da gibt es Brüder – o, so herzliche Brüder Soldaten auf ihren Posten –, die da in der einsamen Nacht so brüderlich Gedanken wechseln und gerade so denken, wie einer, der kann denken, bei Nacht denkt – in der mäusestillen Mitternacht, wo all des Himmels Herrlichkeiten so majestätisch und ruhig ob unsern Köpfen hinschweben. Die heilige Stille, ein sanftes Schwirren um uns her, das dumpfe Getöse fort –, immerfort rollender Bäche – und dann der schwarze Flor – das all die Geister so belebt machende Todesbild – sollte Francesko, sollte – o, wer sollte nicht denken und viel denken! Kein Wunder, wenn Geister sich in solche Nächte verlieben, kein Wunder, Hamlet, daß deines Vaters Geist diese holden Schatten ausliest, um dir aus jener Welt Bericht zu sagen. Doch ich will nichts von Geistern bis dies Gehäus zerfällt – dann, dann, o dann all ihr Scharen guter wohltätiger Geister, dann nehmt meinen nackten Geist in euere Gesellschaft auf. Hamlet, Hamlet – ha, dein Grillisieren, Fantasieren über Gegenwart und Zukunft, über Leben und Tod, Schlafen und Träumen und all der rätselhaften Dinge – ha das macht einen so voll Gedanken – nicht unruhig – nein sanft träumend, dir nachspürend in der anmutigsten Sphäre. – Und dein Wahnwitz, Hamlet – nein, man sollte glauben, die andern, nicht du, seien wahnwitzig – Polonius, Rosenkranz, Güldenstern, Osrik – o, die sind wahnwitzig. Dein Lesen da und deine Antwort – ha, der satirische Bube da schreibt, alte Männer haben graue Bärte – und dort wolltest du Güldenstern pfeifen lehren – ja du warst mir auch der rechte Pfeifer. Aber auf dir möcht ich nicht pfeifen, und doch bist du mir die liebenswürdigste Pfeife – sonderlich, wenn dein rauhstes Tonloch verstopft wäre. Nur etwas mehr Milde, göttliche Milde, dann wärst du ein Halbgott, die schönste Seele. Und dein Horatio, dein Freund, den du so reizend beschreibst, o, so ein Freund ist mehr wert als eine halbe Welt. O Welt, warum bist du so dünn besät mit solchen Freunden, solch redlichen Seelen, solch edlen Herzen. O ihr Himmelssöhne, wo ihr immer seid, wohl euch, ewig wohl; ihr tragt einen Himmel in euerem Busen, Ruhe und Segen wird eueren Seelen folgen, die Scharen Geister solcher Engelssöhne werden euere Überfahrt besorgen, euch mit Jauchzen in ihre frohen, seligen Gesellschaften aufnehmen. O, laßt immer die falschen Freunde am Weg stehn, lächeln und lächeln und süße Gesichtli machen, die bittern Zahner ihre Zähne blöcken – nur getrosten Muts, der Himmel spottet der List des Schlangengeschlechts, er hasset die falschen Herzen, Angst und Unruh folgt ihren Tritten – weint ihnen doch eine wehmütige Träne, ihr redlichen Seelen, dann sie sind arme, elende Geschöpfe. – Doch ich verliere mich, möchte um viel kein Prediger sein. Die Szenen von Ophelia sind rührende Auftritte – ihre wahnwitzigen Liederchen, so sanft eindringend, welche Mark und Bein mit einer Wehmut füllen. Wann die Königin Gertrude nichts Gutes getan, hat sie doch dies getan, daß sie ihre Todesart so herzdurchdringend beschrieben. Man muß dir mit wehmütigen Schritten in die Flut hinein folgen, du schuldloses, zartes Lämmchen, wann dich der Strom so fortwälzt und du wie eine Wassernimphe singend daherfahrst und im Triumph dem Tode zueilst.

Aber alles übertrifft die Szene, wo die Totengräber ihr Grab machen – gewiß die Kerl könnten nicht netter gezeichnet sein. Wie Hamlet und sein Freund Horatio so zusehen, wie die Kerls mit den Knochen und Schädeln herumspielen und sie so drüber kritteln und Schlüsse machen. Gewiß, William, du hast diese Szene auf einem Kirchhof gemacht – ich weiß, wie da eim die Gedanken im Kopf rumwirbeln, wann das Totengebrumm der Glocken durch die Ohren fahrt und das Klaggeheul der Weiber und all die traurigen Feierlichkeiten so eindringen. Ja, ja, William, da fahren tausend Gedanken durch den Kopf, die man sonst selten denkt. Dein Yorik, Hamlet, dein Yorik – ich weiß wie nahe das geht, wenn man erst sieht die Knochen eines Vaters heraushudeln – wie das all durch die Seele fahrt. Gott, was sind die Menschen! Konnten du und Laertes bei allen diesen Feierlichkeiten noch so heftig ineinanderfahren. Ach das brutale Ding, der Mensch, tut's nicht anders, so lang er Luft in sich zieht. Nein, Hamlet, du und Laertes haben sich menschlich edel verhalten, einen anständigen Frieden gemacht. Laertes hatte recht, böse auf dich zu sein, warum hast du seinen Vater für eine Ratze erstochen; – schon er ein geselliger, plauderhafter Hofmann war, so war er doch sein Vater – und Laertes gefällt mir wohl. Aber gegen Rosenkranz und Güldenstern bist du streng, – vielleicht wußten sie gar nicht um den Befehl, dich hinzurichten, und doch gabst du Ordre, sie so traurig hinzurichten. Wie mögen die Männer Augen gemacht haben, daß man sie schnell zum Block führte, so bald sie nur einen Fuß ans Land setzten.

Den übertünkten königlichen Heuchler hast du gar zu gut gezeichnet. Aber warum hast du auf dem Duellplatz – Hamlet, warum hast du nicht das Billet wegen deiner Hinrichtung hervorgezogen, deinen Verräter entdeckt und deine und Laertes Wut auf ihn gerichtet und dem traurigen Spektakel ein Ende gemacht?

Ich möchte dies Stück auf der Bühne sehen spielen – und da dünkt's mich, ich woll's lieber so – meine immer, es sei schade drum. Gewiß, man muß es verderben – ich glaube nicht, daß man so leicht ein Gesicht finde, das zu Hamlets Charakter paßt. Königs und seiner Gertrude gibt's genug, Polonius, Rosenkranz und Güldensterns auch. Aber die Szene, wo der Geist in voller Rüstung auftritt, und wo die Totengräber auftreten und man das sanft schlafende Täubchen zur Ruhe hinsenkt, die müssen gewiß verhunzt werden. Nein, so lebhaft kann's nicht vorgestellt werden, als wie man sich's vorstellt, wenn man's liest. Genug, Hamlet, du bist ein wundervoller Mann. Hätte dich nicht ein großer Künstler gemacht, so wärst du nicht, was du bist – aber du hattest auch ein schweres Geschicke zu tragen.

Othello

Komm, schwarzer Henker, komm, mache den Beschluß. Ich habe dich nicht hindenher geordnet, du kommst mir sonst zuletzt. Wann's an mir gelegen hätte, ließ ich dich nicht so hintendreintrappeln, du wärst mir zu schwarz. Nein, im Ernst, du bist nicht so schwarz wie Aron, aber doch schwarz genug um von einem schlauen Teufel verführt zu werden. O Dichter, warum mußtest du eben das grausamste Stück auf die Letze sparen, willt du deinen weichherzigen Lesern zur Letze noch übel machen, daß sie dich unmutig und böse wegwerfen? Gewiß, du hast dies barbarische Stück darzu eingerichtet – und wann ich's hundertmal lese und zehnmal mir als ein Gedicht vorstellen will, so kann ich mir doch so gewisse, wehmütige Übligkeiten nicht erwehren. Du hast alles so unter einen hübschen Mantel versteckt, alles so süß und glatt ineinandern verwebt und lassest zuletzt auf einmal das Ungeheur los. Du hast erst den Mohren viel zu gut gezeichnet und allzuviel Rühmens von ihm gemacht, daß man dies Gespenst nie hinter ihm suchen würde. Desdemona hast du zu einem Engel – daß man nie glauben würde, daß ihr solches begegnen könnte, gemacht; daß der Himmel je zugeben würde, daß solch ein neidischer Teufel, wie Jago, diese reizende Unschuld dahinbringen sollt. Du hast ein ganzes Korps gutmütige Menschen geschaffen und unter sie einen feinen Teufel hingestellt, den sie alle wie einen Engel des Lichts verehren. Sollte einem da nicht schwindlicht werden, der so zusehen muß, wie sie alle diesen Teufel zu ihrem Ratgeber machen, wie gottlos unverschämt er sie hintereinandern hetzt, wie sie in der letzten Not noch ihre Zuflucht zu diesem Bösewicht nehmen, der ihnen Trost zuspricht und doch fast allen den Hals bricht. O Dichter, Dichter, du hättest den Teufel selbst nicht häßlicher können zeichnen, in einem so ehrbaren Gewand. Das Herz schwillt eim von Anfang her empor – man möchte immer helfen und helfen und diesen schwarzen Verräter entdecken. Aber da hilft nichts – die anderen, Othello, Kassius, Desdemona, Roderigo, alle, alle müssen immer wie schwätzhafte, närrische Kinder dastehn, und dieser Feurdrache Jago allein regiert das Spiel. Und wie's aufs Äußerste kommt, muß sich Desdemona da stellen wie ein Kalb beim Schlachtbank, das zittert und schlottert, aber kein Wort sagt. Muß eim das Herz nicht klopfen, wann man diesen wütenden Mohren sieht sein schuldloses, folgsames Lämmchen zu Bette schicken und sein Vorhaben weiß und sie in ihr Schlafzimmer verfolgt, ihre ängstlichen Ahndungen, ihre Worte, Gebet und Gebärden, alles sieht und hört – möchte eim das Herz nicht zerspringen, wann man diesen wütenden Tiger sieht zur Tür hinein kommen und diesen schlafenden Engel noch küssen – das alles ginge noch hin, wann dieser Mohr in seiner Wut zuführe; aber er mußte noch so lange zaudern – man muß ihn noch hören diesem

Engel den Tod ankünden und sie sehen wimmern, beben, hören bitten: nur bis morgen – töde mich morgen – nur noch eine halbe Stunde, nur noch ein Gebet laß mich tun. Es ist zu spät, sagte der wütende Tiger. O das geht über alle Fassung hinaus. Welche verdammte Teufelsstreiche hat dieser unerhörte Jago gespielt. Roderigo, ein leichtgläubiger Edelmann, hat er so lange am Narrenseil herumgeführt, ihm all sein Gelt abgelockt, ihm immer versprochen Desdemona in die Arme zu führen – und zuletzt verwickelt er ihn bei Nacht und Nebel in einen Duell und verspricht ihm beizustehen. – Kassio war sein Gegner und Jago haßte ihn auch. Da geht der verruchte Bube Jago und sticht Kassio ein Bein durch, und als Roderigo verwundet zu Boden lag und jämmerlich um Hülfe schreite, ging er und erstach ihn selbst. Kassio hat er mit Desdemona teuflisch verleumdet, indem er dem Othello weis machte, sie gingen auf eine unerlaubte Art miteinander um und dies hat er auf eine so eigene Art getan, auf eine so schlaue und verschmitzte Art, daß kein Mensch Böses argwohnen konnte, jedermann hielt ihn noch für den bravsten Mann. Aber seine Emilie mochte wohl wissen, was sie für einen Mann hatte – aber hätte sie es früher geoffenbaret – doch Ehleute entdecken einandern auch nicht gern ohne Not; – aber es wäre dein eigen Glück gewest, Emilia, du mußtest deine zu späte Relation mit deinem Leben bezahlen. Und die gute Desdemona mußte ein Opfer der höllischen Wut werden, die dein chrloser Jago ausgebrütet hatte.

Der redliche Kassio dauert mich auch in die Seele. Mußte er doch durch dieses Teufels schlaue Bosheit so in verdrießliche Händel verwickelt werden – und das alles so unschuldig; mußte sich da auf dieses Erzschelmen verräterische Veranstaltungen hin betrinken und im Rausch hitzig werden, welches ihm die Kassierung zuzieht. Da mußte noch der arme Kassio seine Zuflucht zu diesem erzfalschen Freunde nehmen. O Kassio, hättest du gewußt, was es heißt, einem falschen Kerl in die Hände fallen, hättest du gewußt, daß eben dieser Freund schuld an deiner Kassierung war, hättest du gewußt, mit was für einem noch viel größern Unglück dieser Teufel schwanger ginge – o dann hättest du allen diesen schröcklichen Trauerszenen vorbeugen können. Ha, wann man's allemal wüßte, aber diese falschen Teufel schleichen im Finstern wie die Kröte. Welch Unheil hat die schwarze falsche Bosheit schon angerichtet.

Wie mancher Redliche schlaft und träumt ruhig in seinem Bette, indes ein verruchter Jago für ihn wachet, um sein Glück zu untergraben, ihm verfluchte Lotterfallen in den Weg zu legen. Der Redliche erwacht froh und geht ruhig seine Straßen, der falsche Teufel schleicht nebenher und leitet ihn als Freund mit einem lächelnden Gesichte, bis er in der Schlinge ist, oder er schleicht von ferne nach, um seine boshaften Augen an dem Fall seines unschuldigen Opfers zu weiden. Aber – o ihr Jagos, ihr seid elender dran als alle euere Opfer – ihr webt euer Garn, gleich tyrannischen Spinnen, und hockt irgend in einem Winkel – kommt eine unglückliche Fliege von welchem Ende der Welt hergeflogen und hängt sich an den geringsten Faden eueres Gewebs, so ist sie eine elende Gefangene von euch. Aber wenn ihr recht vollgestopft seid von dem Blute dieser armen, so gebt ihr ein recht fettes Opfer für irgend ein Ungeheur der Nacht. Wißt, es ist eine Wiedergeltung – Rache wartet euer. Und wann ihr zu tausenden irgend an einem Ort zusammenkommt in der andern Welt, so braucht es weiter kein Teufel – ihr Jagos, ihr werdet euch Teufels genug sein. Gott – Gott bewahre mich vor euerem Garn, vor euerer Gesellschaft und vor euerem Teil in Ewigkeit. Meine Seele komme nicht in eueren Rat, und euer Bild sei ein Panzer für meine Brust, daß kein falscher Gedanke hineinfliege.

Nun, mein teurer, mein hochwerter Sir William, nun hab ich alle deine Stücke durchgangen, nun will ich abrechnen mit dir, aber ich werde dir tausend Dank schuldig bleiben – wenn du auch mein gerührtes Herz und den Nutzen, den du bei mir geschafft, für dich auch noch so hoch anrechnen wirst. Ich für mein Teil bringe dir ein Opfer – so groß es sein kann, ohne Abgötterei zu begehen – ich zähle dich unter meine Heiligen und verehre dich in deinen Werken als einen Liebling des Himmels, als einen großen Hofmann des größten Königs – und wenn ich je die unverdiente Gnade genieße, bei diesem heiligen Korp nur der Allergeringste zu werden, sollst du die Ehre haben, mein Werber zu heißen. Doch was sollen diese verblümten Reden, dies ungereimte Lob. Ich beneide dich nicht, daß dich der Himmel besonderer Gnade gewürdigt – du hast der Welt deine Gaben mitgeteilt, und für deine Treu wirst du von einer mächtigen Hand belohnt werden, ohne den Lohn, den dir ein Wurm gibt, der auch von gleicher Gnade Leben und alles hat. Aber das sag ich noch, wenn die grobe Welt deine Arbeit verstünde – es könnte nicht anders sein, du müßtest mehr Nutzen schaffen als Millionen schwatzhafter Theologen mit allem ihrem Kram. Aber sie versteht's nicht, sie meint, du solltest all die Schandtaten und Liebespossen, die von Zeit zu Zeit in irgend einem Winkel der Erden sich ereignet haben, verborgen halten und nicht an's Tageslicht bringen. Die armen Leute! – Warum sind denn Davids und anderer israelitischen Könige Taten geschrieben worden? Ich verehre deine Gemälde – sie sollen in meinen Zimmern und überall vor meinen Augen hangen. Ich habe immer Stoff zu denken und meinen Gang zwischen allen Klippen hindurch zu richten, die ich vor Augen sehe.

Nun habe ich den Hauptinhalt aller 36 Stücke in diesem kleinen Bändchen, welches mich mehr freut, als wenn ich alle Stapferschen Werke abgeschrieben hätte.

1. Gleich im ersten Stück, welches mir eins von den schönsten ist, hab ich Bilder von Böswichtern und von ehrlichen Menschen, einen guten Gonsalo und einen bösen Antonio. Kaliban, Trinkulo, Ariel sind wunderbare Geschöpfe, die einem mehr Denkens machen als hundert Alltagsmenschen.

2. Im zweiten hab ich wenigstens einen Squenz, Zettel, Schnauz, Schnok, Flaut, Schluker, in denen ich eine halbe Welt sehe.

3. Im dritten hab ich ein paar Freunde, Proteus und Valentin, zwei Frauenzimmer, Julie und Silvia, und zwei Bediente, Skeed und Lanz, welche sechs Personen meine ganze Aufmerksamkeit nach sich ziehen und rege machen. Doch ich bin müde. – Ich habe mir zwar vorgenommen, alle Stücke noch einmal durchzugehen und alle Personen, die mich am meisten interessiert haben, in eine Reihe hierher zu rangieren. Aber das Feur hat ein bischen nachgelassen – ich müßte alle wieder durchlesen und die Flammen wieder anblasen, ohne welche keine Feder fließt und alles Geschrieb einen abscheulich langweiligen Ton bekommt, – und zudem dachte ich doch, es wäre Wiederholung, indem ich keine von denen mir wichtigen Personen unbemerkt gelassen und ein Gedanke über jeden Charakterzug gemeldet, den wenigstens ich in der Folge wieder verstehe. An vielen Orten hab ich weniger geschrieben, als ich schreiben mochte, weil ich oft selbst gegen meine Gedanken miß-

trauisch war – und weiter nicht gern gegen mich Mißtrauen erregen
möchte.

Und nun, ihr meine besten, lieben, günstigen Herren Kritiker
meiner Kritik – aber ich leugne es schlechtweg, ich habe keine Kritik
gemacht, es mag auch dreinsehen, wie es will – ich hatte pur allein
die Absicht, aus allen Stücken des vortrefflichen Shakespeares etwas in ein Bändchen zu sammlen, was mir aus einem jeden das
Schönste, das Angenehmste war, damit ich's beisammen hätte, wo-
von in jedem Stück gehandelt wurde. Nehmt mir's nicht übel, ihr
meine teuren Herren Freunde, die ich im Herzen hochschätze, ohne
daß es der grobe Körper und der ungewöhnte Mund bezeugen
kann. Verzieht mir, wo ich das Schönste, das Beste verfehlt, ich gebe
mich für keinen Kenner des Schönen dar – doch werde ich auch
dürfen meinem eigenen Geschmack folgen wie ein anderer freier
Weltbürger. Aber ich bin doch nicht so dumm, mein Geschmack für
delikat und gut zu glauben – und wann's ich glaubte, so dächte ich
doch dabei, ich hätte diese Torheit mit andern großen Weltbürgern
gemein.

Ich hätte dieses Etwas meinem besten, größten Herren Freund
und Wohltäter dediziert, wenn ich es wert gehalten hätte, auch nur
einem lieben Bertold zuzueignen (der doch ein altes Weibermär-
chen nicht verachtet und die arme Schnecke im Weg würdigt mit
seinem Schuh zu überschupfen), geschweige einem so großen, von
lauter Güte fetten Herren. Doch weiß ich, daß sie und jede edle
Seele dies unmündige Etwas – oder Nichts, wie man will – nicht
verachten oder ausspötteln würden – und ein gutes Lächeln verdient es und nicht mehr – und ein in hoher Sphäre fliegender Geist
wird es nie zu Gesicht bekommen – ein solcher, der wie ein Bube,
der in dem Gipfel eines Kirschbaumes hockt und sich mit den besten Kirschen füttert, einem armen Tropf, der unter dem Baum sitzt
und hinauf gähnt und doch nicht klettern kann – spöttisch herab
lächelt – komm, komm herauf, armer Schelm – komm, komm – ei,
wie sind das so gute Kirschen – dem's aber nie in seinen Sinn
kommt, ihm eine Hand zu bieten und herauf zu helfen, der ihm
noch einen Schupf gäbe, wenn er wollte klettern lernen – und wenn
Kirschen da wären, daß sie die Vögel des Himmels nicht alle auf-
fressen könnten. Dank euch, ihr edlen Seelen, die belohnende Hand
des Höchsten wird euch's vergelten, die ihr hie und da einem armen

Tropf an die Hand geht mit Rat oder Tat, die ihr nie glaubt, daß ihr nur für euch in der Welt seid, nie zweifelt, ob ein schmutziger Bauer mit Haaren überwachsen auch eine Seele habe, denen nichts zu gering, nichts zu armselig ist, eines Blicks zu würdigen. Und nun Dank, tausend Dank meinem guten, besten Herren, den ich im Innern ohne Worte verehre und hochschätze, der mir nebst andern Guttaten auch dieses schöne Werk in die Hände geliefert. Ich kann nicht schmeicheln – und wollte der Himmel, kein Schmeichler mißbrauchte Ihre Güte – Dank sei Ihnen, und kein Dank bringe Sie aus der Stellung der lautersten Absichten – Dank sei Ihnen für das Gute an jedem andern – aber nicht ich – der Himmel dank Ihnen – aus meinem Dank können Sie nichts kaufen. Gott weiß, wie sehr ich alle guten redlichen Seelen liebe, wie viel ich meine besten Freunde, ja die ganze H.Z.E. Gesellschaft ehre, wie sehr ich wünsche, und wie stark ich mich bemühe, ihrer würdig zu werden, meine Seele von allen unlauteren Flecken zu reinigen und auch eine je länger je bessere Seele in meinem Busen zu tragen. Man mag mich auch halten, wofür man will, gleichviel – einer weißt's – und wo ich mich auch immer betrüge und in einem andern irre – 's macht nichts – wenn ich Frieden in meinem Busen und eine halbe Welt voll guter Seelen um mich denke – Gott, welche Wollust!

Nun noch einen Dank und dann weiter meine Empfehlung. Dank für den lieben Sir William Shakespeare und nun meinen Urlaubpaß – aber noch nicht meinen Abschied. Heil und Segen müsse ein edles Paar begleiten, Friede und Ruhe bis in späte Jahre hinauf. – Ein liebes Paar, das der Himmel zum Wohltun gemacht, das seiner Bestimmung mit willigem Herzen und frohem Gemüte folget, müsse im grauen Alter noch grünen und blühen, nie müsse der unfreundliche Boreas mit seinem mürrischen Surren ihre spätesten Tage belästigen, alles verdiente Lob müsse nie unedle Wirkungen machen und das falsche Schmeichlerwort von ihren Ohren zurückprellen; Bosheit und Undank müssen verschanzte Herzen antreffen und nie ihre unedlen Absichten erreichen; Verehrer und Kenner der Tugend müssen sie im Herzen segnen, redliche Wünsche als Opfer vor dem Thron des Höchsten hinlegen, und sie ihrem Lohn in der Ewigkeit mit frohen Blicken entgegen sehen. Amen!

Druckfehler

Der Druckherr bittet um gütige Nachsicht, die Druckfehler, die ohne Zweifel häufig sind, selber zu verbessern, indem die Buchstaben wegen häufiger Arbeit nur bei Nacht und Nebel gesetzt wurden – und der Setzer sonst nicht der akkurateste Kerl ist.

Über tredition

Eigenes Buch veröffentlichen

tredition wurde 2006 in Hamburg gegründet und hat seither mehrere tausend Buchtitel veröffentlicht. Autoren veröffentlichen in wenigen leichten Schritten gedruckte Bücher, e-Books und audio-Books. tredition hat das Ziel, die beste und fairste Veröffentlichungsmöglichkeit für Autoren zu bieten.

tredition wurde mit der Erkenntnis gegründet, dass nur etwa jedes 200. bei Verlagen eingereichte Manuskript veröffentlicht wird. Dabei hat jedes Buch seinen Markt, also seine Leser. tredition sorgt dafür, dass für jedes Buch die Leserschaft auch erreicht wird.

Im einzigartigen Literatur-Netzwerk von tredition bieten zahlreiche Literatur-Partner (das sind Lektoren, Übersetzer, Hörbuchsprecher und Illustratoren) ihre Dienstleistung an, um Manuskripte zu verbessern oder die Vielfalt zu erhöhen. Autoren vereinbaren direkt mit den Literatur-Partnern die Konditionen ihrer Zusammenarbeit und partizipieren gemeinsam am Erfolg des Buches.

Das gesamte Verlagsprogramm von tredition ist bei allen stationären Buchhandlungen und Online-Buchhändlern wie z. B. Amazon erhältlich. e-Books stehen bei den führenden Online-Portalen (z. B. iBookstore von Apple oder Kindle von Amazon) zum Verkauf.

Einfach leicht ein Buch veröffentlichen: **www.tredition.de**

Eigene Buchreihe oder eigenen Verlag gründen

Seit 2009 bietet tredition sein Verlagskonzept auch als sogenanntes "White-Label" an. Das bedeutet, dass andere Unternehmen, Institutionen und Personen risikofrei und unkompliziert selbst zum Herausgeber von Büchern und Buchreihen unter eigener Marke werden können. tredition übernimmt dabei das komplette Herstellungs- und Distributionsrisiko.

Zahlreiche Zeitschriften-, Zeitungs- und Buchverlage, Universitäten, Forschungseinrichtungen u.v.m. nutzen diese Dienstleistung von tredition, um unter eigener Marke ohne Risiko Bücher zu verlegen.

Alle Informationen im Internet: **www.tredition.de/fuer-verlage**

tredition wurde mit mehreren Innovationspreisen ausgezeichnet, u. a. mit dem Webfuture Award und dem Innovationspreis der Buch Digitale.

tredition ist Mitglied im Börsenverein des Deutschen Buchhandels.

Dieses Werk elektronisch lesen

Dieses Werk ist Teil der Gutenberg-DE Edition DVD. Diese enthält das komplette Archiv des Projekt Gutenberg-DE. Die DVD ist im Internet erhältlich auf **http://gutenbergshop.abc.de**

Zeitfracht Medien GmbH
Ferdinand-Jühlke-Straße 7
99095 Erfurt, Deutschland
produktsicherheit@kolibri360.de